农业现代化与农业可持续发展研究

王洪成 王 彤 著

中国农业出版社

北 京

前　　言

　　随着我国社会经济的快速发展，农业作为国民经济的基础产业，其现代化进程日益受到广泛关注。农业现代化不仅是提高农业综合生产能力、保障国家粮食安全的必由之路，也是推动农村经济发展、实现农民增收的重要途径。与此同时，农业可持续发展成为全球共同关注的课题，如何在保障粮食供给的同时，实现资源环境的永续利用，已成为我国农业发展面临的重大挑战。

　　本书以农业现代化和农业可持续发展为主题，旨在探讨两者之间的内在联系和互动机制，为我国农业发展提供理论指导和实践借鉴。在此，我们谨以前言的形式，概述本书的编写背景、内容框架和特点，以飨读者。

　　近年来，我国政府高度重视农业现代化和农业可持续发展，出台了一系列政策措施，推动农业产业转型升级。然而，在实际发展过程中，仍存在诸多问题和矛盾。本书正是在这样的背景下应运而生，通过对农业现代化和农业可持续发展进行深入研究，为政策制定者和实践者提供参考。

　　本书共分为六章，分别从以下几个方面展开：现代农业发展概述，现代农业生产体系，现代农业经营体系，现代农业信息化建设，数字农业关键技术，现代农业发展评价、规划与政策支持，以及农业可持续发展等。

　　本书具有以下几个特点：①理论与实践相结合：本书在阐述农业现代化和农业可持续发展理论的基础上，结合我国实际情况，分析存在的问题，提出具有针对性的政策建议。②宏观与微观相结合：本书从宏观层面探讨农业现代化和农业可持续发展的战略布局，同时关注微观层面的具体实践，为农业企业和农户提供发展思路。③国内与国际相结合：本书在总结我国农业发展经验的基础上，借鉴国外先进做法，为我国农业现代化和农业可持续发展提供参考。

我们希望本书能为广大农业科研工作者、政策制定者、农业企业管理者和农民朋友提供有益的启示，为推动我国农业现代化和农业可持续发展贡献一份力量。由于水平有限，书中难免存在不足之处，敬请广大读者批评指正。

著　者

2024 年 6 月

目　　录

第一章 现代农业发展概述

第一节 世界农业发展简史

一、原始农业阶段

原始农业阶段大约起源于新石器时代。在这个时期，人们身处极为艰难的自然环境条件之中，仅仅借助了简单的磨制石器工具，采用二年轮作或者撂荒的耕作方法，并通过集体劳作模式来开展生产活动。原始农业的发展并非一蹴而就，而是源于狩猎与采集经济逐步演变为更为先进的农业形式，这无疑是一个接近自然状态的农业形式。正是有了原始农业，人类才得以从落后的茹毛饮血状态演进至灵活运用刀耕火种的文明状态，这无疑是历史性的重要跨越。例如，西亚两河流域（美索不达米亚）、古埃及、古印度、中国等古代文明的形成，与农业的发展密切相关。

然而，原始农业的发展历程长达六七千年，大致可分为刀耕和锄耕两个阶段。这种经历岁月沧桑的农业发展所取得的显著成就和进行的伟大变革在于对野生动植物的驯化，最终呈现出主要农作物如水稻和小麦的盛行。如今常见的主要作物及家畜大部分在四千年前已基本完成驯化过程。然而，受限于生产技术水平低下且稳定性不佳，人们仍然持续借助采集、狩猎作为补充手段。从生产工具的演进层面观察，人类在遥远的古代曾广泛应用木棒工具，随后逐渐掌握了将磨制过的石器绑缚在木棒上，作为生产工具开垦土地和种植作物。在此之后，又创造了简陋的木犁和青铜农具，还将牛、马等大型牲畜加以驯服，转变为役畜，然而主要实用工具仍然涉及自然界的木材、石头等原材料，且劳动力的投入占据主导地位。当土地过度耕耘导致生产力衰退之际，人们便放弃该片土地，期待自然恢复能力自行修复。人类在这一阶段主要遵循大自然的规律行事。从生产构成来看，原始农业阶段是既包括种植业又涵盖养畜业的混合农业形态，在其起源时期及其在各个地域和民族中的比重都存在着显著差异。种植业始于母系氏族社会，起初主要由女性承担生产任务，人们在长年累月的采集经验积累中，逐渐掌握了部分植物的生长特性，将符合人类需求的品种培育成为可供种植的园艺作物。养畜业则同样源自漫长的狩猎实践，起初成功驯服的是小型但具有经济价值的野生动物，数量相对稀少，然后才逐渐形成规模较大的畜禽群体，大型牲畜作为役畜则显得较为滞后。

二、传统农业阶段

在自然经济环境下，传统农业主要依赖人力、畜力以及手工制作的工具与器具，例如铁器等。这种农业形态倚重世代相传、经验积累，使得自给自足的自然经济成为主导力量。随着金属农具逐渐取代石器农具，人类开始步入由原始农业向传统农业转型的阶段。铁制犁具和牛挽具的运用大幅提升了生产效率，使得对种植业的精细操作成为可能，农业生产实现了前所未有的提升与飞跃。

传统农业采用了历史悠久且不断传承的耕作技术和农业技艺，具有低排放、少污染等特点。即使在当今社会，它们仍然发挥着不可或缺的核心作用。论及时间跨度，西方的传统农业始于奴隶制度盛行的古希腊和古罗马时期，而在我国，它的起源可以追溯至春秋战国的百家争鸣时期。在土地利用方式上，欧洲各国普遍执行五年循环制，包括牧场的二圃制和三圃制，旨在促进种植业和畜牧业相结合并保护土地生产力，而在我国，废弃荒芜制被摒弃，推广土地连续种植制度，实行精细化的农业生产。

三、现代农业阶段

现代农业是指运用工业技术装备、得到实验科学理论支持、专业化商品生产的农业形态。从 18 世纪中叶开始，随着西方资本主义的兴起和扩张，传统农业开始向现代农业转型。然而，由于科技发展水平的不同，现代农业在西方的发展历程可以细分为近代和现代两个不同阶段。近代阶段始于产业革命时期，直至 20 世纪初期结束。在这一阶段，除了继续使用手工农具、畜力农具和有机肥料外，一些地区已经开始将三圃循环制的农业模式转变为四圃轮作种植方式。真正的现代农业始于 20 世纪初期，重点依赖农业机械、化肥、农药和水利灌溉等先进技术。农业生产所需的动力设备也逐步采用了内燃机牵引的轮式拖拉机。同时，李比希矿化学说和哈伯人工合成氮肥的理论的提出被视为这一阶段的重要标志。一些先进的工业化国家在 20 世纪中期已经实现了这一伟大转型。例如，美国在 20 世纪 50 年代就已全面实现了农业机械化，成为全球首个实现农业现代化的工业化大国。相比之下，包括日本在内的东方国家相对较晚才开始这一转型。截至 2023 年，我国的农作物耕种收综合机械化率成功突破了 73%，但仍然仅相当于发达国家在 20 世纪 50—80 年代的平均水平。进入 21 世纪后，全球信息化浪潮席卷而来，信息化时代的曙光降临。生物科技和基因工程技术的快速发展，如 DNA 重组技术、克隆技术等，广泛应用于农业领域，带来了克隆绵羊"多莉"的诞生、植保无人机的翱翔、生物化肥的施用以及高度自动化的农业机械在田间的灵活运作等。现代农业的迅速发展也为人们带来了无尽的想象空间。

第二节　中国农业发展历程

一、原始农业阶段

我国的古代农业起源可追溯至 1 万年前，与世界其他最早从事农业活动的区域一样，早期采用休耕制进行耕作生产。我国是全球最早从事养蚕缫丝并取得重大成功的国家之一，同时也是世界农作物的重要发源地。我国培育了诸如稻谷、小米、黍、黄豆等粮食作物，以及茶叶等多种经济作物品种。在这一早期阶段，我国北方黄河流域春季干旱少雨，土质以黄沙土为主，适宜栽种抗旱耐贫瘠的小米；而我国南方长江流域以南地区则以湿地沼泽为主，适宜水稻的种植。在黄河流域和长江流域，已发现大量新石器文化遗址，如河南省新郑市裴李岗文化遗址和河北省武安市磁山村文化遗址等，这些遗址提供了有关农业进程的重要历史记录。特别是磁山遗址下层发现了粟及家畜骨骼化石，以及纺织工具等物品，显示出当时的农业和加工业已经取得了一定程度的发展。根据研究，距今 7 000 年至 5 000 年的仰韶文化时期农业遗址遍布黄河中游各地，展示了大量村落遗址的风貌。西安半坡遗址出土了用于农业和捕鱼狩猎的工具，以及用于食品加工和存储的器具，显示出当时的农产品加工业和园艺生产有了一定发展。距今 5 000 年至 4 000 年的龙山文化阶段出土了少量小型铜器，表明定居农业有了进一步的发展。根据湖北省京山县屈家岭、浙江省吴兴区钱山漾以及江苏省南京市青莲岗等地出土的实物遗存，长江流域的水稻种植历史至少可以追溯至四千年前。在浙江省余姚市的河姆渡遗址和桐乡市罗家角遗址，发现了世界上最早的炭化稻谷、稻壳、稻秆以及大量保存完好的骨制农具，这表明我国水稻种植的历史向前推进了更多年代，充分证明了我国水稻种植是从南方向北方逐步演变的过程。根据黄河上游的马家窑文化和齐家文化的考古发现，该地区的畜牧业相对于中原地区更加活跃，成为游牧文化的先驱。通过对殷墟遗址的发掘发现，商代的甲骨文中记载了当时的农业状况，出土了青铜农具和木犁的实物遗迹，尽管与前代作品相比有所改进，但仍然以木石为主要材料，耕作的农作物包括黍、稷、稻、麦，家禽养殖品种包括狗、猪、鸡、牛、羊，此外还新增了马匹的驯养。蚕丝在新石器时代晚期投入使用，并得到了进一步的普及。尽管在西周时期，社会上仍然实行休耕制，但新的可供耕地正在逐步扩大，农业工具的形态也得以改善。所谓的"五谷""六畜"在此期间已各自形成特定类型，农业生产领域逐渐展现出明确的劳动分工现象。

二、传统农业阶段

我国的农业在战国和秦朝汉代之间已经初步形成了一套以精细化为主要特色的传统农业技术。尽管在此后的发展历程中，生产工具和生产技能进行过多次的增强与升级，然而，其核心本质仍然保持不变。我国传统农业技术的精华曾经对世界农业的发展产生了积极而深远的影响。

在春秋战国时期，随着铁犁牛耕的实施，我国农业逐步远离了撂荒制度。在是否选择二圃制或三圃制的问题上，选择以提升单位产量、最大程度地发挥土地资源潜力为目标的精耕细作土地连种制度。春秋后期至战国早期，铁制小农具如雨后春笋般涌现，而在战国中期之后，装有铁制犁铧的耕犁得到了广泛的应用。同期，除了扩大土地利用范围之外，更为重要的是开始推行深耕耘、勤施肥的措施。大规模的水利建设如芍陂、都江堰、郑国渠等，以及在西汉末期兴起的"龙骨水车"，极大地改善了农田的灌溉条件，从而进一步推动了精耕细作的进程。

从秦朝汉代直至魏晋南北朝时期，北方干旱地区逐渐形成了耕—耙—耱的种植流程，同时也建立了一系列能够防止旱灾的保护性耕作措施。汉代所发明的铁制犁壁和耧犁极大地减少了耕作起垄和开沟播种的时间成本，提高了工作效率。而在江南地区，经过六朝时期与唐宋鼎盛之时的开发，结合水田的特殊因素，则建立起了耕—耙—耢的水田耕作技术体系。唐代的江东犁，其结构形式已经相当成熟。

在《齐民要术》这部历史巨著中，对于唐宋以后的农业科学成就进行了全面而详尽的总结和描绘。例如，江南地区修筑的圩田，形成了错综复杂的水系网络，配合利用筒车和翻车进行提灌，实现了水旱无忧。在东南、西南地区的丘陵山地，人们为了营造出适合生产的环境以及加强水土保持工作，大力修建梯田。为了有效地恢复并提升土壤肥力，除了倒茬轮作的方法外，人们更加重视肥料的使用。

自明代开始，我国的商品经济获得了显著的进步。尤其是太湖流域周边地带，因为种植桑树、棉花等经济作物，导致粮食供给不得不依赖于外地调剂，直接刺激了粮食商品化步伐。在花生、烟草、甘蔗等其他经济作物逐渐形成较为集中的产区后，同样出现了类似的情况。在一些人烟稀少的偏远地区和贫瘠山地，由于需要弥补粮食短缺的问题，推广了玉米、甘薯等高产作物的种植。这种多元化的作物布局趋势，使得全国的农作物生产具备了比较清晰的规划和布局。在土地利用方面，北方和西北部的垦殖开发活动，为全国耕地面积的扩大做出了巨大贡献。更为重要的是，复种和间作、混作、套种等多种耕作方式的普及，提高了复种指数。传统意义上的精耕细作技术也得到了发扬光大，进而推动了这一时期主要农作物的单位产量和总产量的稳步增长。然而，在我国漫长的封建社会历程中，基于劳动密集型的农业生产技术体系始终未能发生实质性的变革，这无疑成为近代我国农业发展滞后的最主要原因。

三、现代农业阶段

自 1840 年的鸦片战争开始，我国的"自给自足的自然经济"开始受到冲击。在接下来的近代农业阶段，特别是 1840—1949 年的这一百多年间，我国农业经历了深刻的转型与变革，成为近现代农业的一个重要历程。在这个阶段内，三民主义的倡导者们提出了平均地权思想以及土地革命，成为推动近代农业发展的主导力量。新中国成立后，我国农业经历了一系列重要的历史节点，如土地改革、社会主义改造、人民公社化运动、改革开放、新农村建设、乡村振兴等。尽管这一阶段经历了许多曲折和艰难，但整体发展趋势较好。随着 21 世纪的到来，我国农业迫切需要加快转型，探索适合自身特点的现代农业道路，以促进现代化的发展，提高农民收入水平，保护生态环境。

（一）鸦片战争至民国时期

自鸦片战争爆发后，我国逐步陷入半殖民地半封建社会的境地，面临着帝国主义、封建主义和官僚资本主义的压迫，导致了乡村阶级矛盾的日益尖锐化。随着外国列强的军事侵略，我国的封闭局面被迫打开，西方先进的农业科技开始迅速传入我国，引起了广泛的关注和探讨。日本、欧美等地的农业研究成果陆续被翻译成中文文献，传播到我国，甚至我国政府还大规模派遣学生赴日本和欧美进行广泛的学术交流活动。同时，农业机械、化学肥料和农药开始广泛应用于我国的农业生产，各地涌现出大量的农学院、试验农场和农业推广机构。第一次世界大战结束后，国际市场对农产品的需求急剧增加，尽管我国的经济作物和油料作物产量和质量有所提升，但农产品的销售渠道和价格却完全受到帝国主义、官僚买办和地主的控制，农民面临着低价收购和倾销政策的双重剥削，严重阻碍了我国农业的进一步发展。在抗日战争期间，南方各省相继成立了农业改进所，致力于加强农业科学技术的推广和培养本土农业技术人才。尽管这些努力在一定程度上推动了农学研究与科学技术的融合，但日本帝国主义的侵略行为进一步损害了我国脆弱的农业基础。此外，这一时期农村出现了一些具有资本主义特征的地主和富农经济，但资本主义经济在农村地区尚未实现实质性的发展。

（二）社会主义改造和人民公社化运动时期

自中华人民共和国成立以来，我国农村经济蓬勃发展，展现出飞速恢复的态势。1950 年 6 月 28 日，在中央人民政府委员会的第八次全体会议上，通过了《中华人民共和国土地改革法》，为土地改革运动提供了重要的法律支持，并积极推动农民投入互助合作，最终废除了封建土地所有制，确立了农民阶级的土地所有权。到了 1952 年，我国农业生产已成功恢复到历史的最高水平。1953 年初，国家为推动农业的社会主义改造，从农业互助组、初级农业合作社到高级农业生产合作社等各个层面展开了巨大努力，逐步实现了从低级到高级的转变，使农村走上了社会主义道路。1958 年 5 月 5—23 日，中国共产党召开了第八届全国代表大会的第二次会议，确定了"鼓足干劲、力争上游、多快好省地建设社会主义"的总路线方针。1965 年，全国农业总产值达到了 589.6 亿元人民币，按 1957 年不变价格计算，超过了 1957 年的 536.7 亿元人民币，增长了 9.9%。到了 1960 年，这一数字更是增加了 42.1%，平均每年增长率达到了 7.3%。[①] 与此同时，农业内部结构得到了均衡发展，种植业、林业、畜牧业、渔业和副业都取得了显著进步。在这一时期，我国的农业教育、科学研究和技术推广体系也得到了广泛建立，并具备了相当规模和影响力。到了 1966 年春季，全国共有 53 所独立设置的高等农林院校，学生总数达到了 6.3 万人，是 1949 年的 2.9 倍；中等农林学校达到了 144 所，在校学生总数达到了 5.4 万人，是 1949 年的 1.3 倍。此外，全国设立了 100 多个中央、省级和地方的综合农业科研机构和专业性农业科研机构。

（三）"文化大革命"时期

在"文化大革命"时期，我国农村地区经济遭受了严重打击，经济发展受到严重影响。在 1966—1969 年的四年间，全国农业生产总值明显停滞不前。特别是在 1967—1969 年，我国养猪业遭受了重大损失，生猪饲养量大幅减少，导致 1969 年存栏数量较 1966 年同比下降了 8.2%。农业生产持续下降的趋势和停滞状态在这几年中得到了充分体现，然而全国人口却在持续增长，自然增长率由 1966 年的 2.56% 增长到了 1969 年的 2.61%。同时，全国粮食产量由 1966 年的 2.14 亿吨减少至 2.11 亿吨，降幅达 1.4%，从而导致农产品市场供求关系紧张。

（四）改革开放与家庭联产承包责任制的建立

党的十一届三中全会的召开标志着我国经济体制改革的开端。这次会议明确提出实行改革开放政策，并鲜明指出了农村改革的新方向，其中最显著的改革是建立家庭联产承包责任制。据国家统计局公布的数据，1978 年，全国仅有 0.4% 的生产队实行了包产到户，然而到 1982 年 11 月，全国范围

---

①　引自 1964 年 12 月第三届全国人民代表大会《政府工作报告》。

内实行这种体制的生产队已经占到了总数的 92.3%，农村经济面貌焕然一新。1982—1986 年，我国政府陆续发布了五份关于农业的重要文件，充分肯定了农村积累的宝贵经验，消除了阻碍生产力发展的各种思维和体制障碍，为这项重大改革提供了有力支持。到了 1988 年，全国农村社会总产值达到了惊人的 12 535 亿元，按可比价计算，比 1978 年增长了 2.43 倍，年均增长率达到 13.1%，超过了全国社会总产值年均增长 1.9 倍和 11.2% 的速度。农业总产值（不包括村办工业）达到了 5 865 亿元，比 1978 年增长了 82.6%，年均增长率为 6.2%，相当于 1953—1978 年年均增长 2.7% 的 2.3 倍。同时，农村的第三产业也得到了迅速发展。1988 年末，全国乡镇企业总数达到了 1 888.16 万家，总产值达到了 6 495.7 亿元，约占农村社会总产值的 56%，全国社会总产值的 23.5%。与此同时，我国农业教育和科技事业也呈现出蓬勃发展的态势，农业科研与推广工作取得了丰硕成果。例如，截至 1987 年底，全国共有 78 所农林院校，农林科研机构增加到 1 400 多家，就业人数超过 10 万人，农技推广机构共计 12 万家，员工超过 70 万人。籼型杂交水稻的成功研制和大规模推广、地膜覆盖栽培技术的广泛应用、鲁棉1 号的大规模种植以及马传染性贫血疫苗的普及应用，都是我国农业发展的重要成就。据中国农业科学院估算，我国农业总产量中科技进步贡献率从 1972—1980 年的 27% 提高到了 1981—1985 年的 30%～40%。随着知识经济的发展，人们逐渐认识到科学技术在我国农业现代化建设中的作用将会愈发突出，发挥越来越大的作用。

（五）社会主义市场经济体制改革

自 1985 年以来，中央和各级地方政府逐渐将改革重点转向城市经济体制和社会管理方面。为确保城市改革顺利进行，财政资金和各类资源开始向城市划拨，形成了以城市为核心的新型利益格局。这一新格局在城市收入分配机制、社会保障制度改革以及国家财税制度优化等多个领域得以体现。值得一提的是，1992 年 10 月召开的中国共产党第十四次全国代表大会明确提出将社会主义市场经济体制作为改革的目标。1993 年 11 月，党的十四届三中全会通过了一项重要决议——《关于建立社会主义市场经济体制若干问题的决定》，标志着我国步入了实施市场经济体制改革的阶段，城市经济发展速度也因此大幅提升。然而，受到负担过重和增收困难等因素的双重影响，农民收入增长趋势相对趋缓，农村问题日益突出。中共中央与国务院对农民负担问题高度关注，决定对税费、集体资金以及各种达标升级项目等进行清查整顿，以严控比例。从中央到地方，对农民负担的监管力度均得到加强，有效地遏制了过度增长的趋势。自1992年以来，我国致力于推动乡镇企业的产权制度改革，促进了这些企业的蓬勃发展及"春天"的来临。与此同时，农村劳动人口纷纷流向城市，形成了声势浩大的"民工潮"，乡镇企业的雇员人数由1992年的1.06亿增长到了1996年的1.35亿。尽管1997—1998年发生了东南亚金融风暴，影响深远，但我国农业综合生产力得以提升，农业物资供应状况由此前的严重短缺转变为供需基本平衡且丰年有余。

（六）"工业反哺农业，城市支持农村"时期

从1999年至2012年，我国农业战略重点转向保护农业产出水平、促进农民收入增长、进一步减轻农民负担以及推动农业现代化进程等方面。其中，2002年颁布的《中华人民共和国农村土地承包法》"赋予农民长期而有保障的土地使用权"。同年，中国共产党第十六次全国代表大会提出，国家已经进入了"工业反哺农业、城市支持农村"的阶段。2004年，中央印发了关注"三农"的1号文件，强调将"三农"工作提升到全党工作的重中之重，并贯彻执行"取消农业税、工业反哺农业"的政策原则。2005年，党中央正式提出推进建设社会主义新农村。同年，全国范围内彻底废除了农业税。农村合作医保机制自2003年开始在多个县市试点运行，并逐步扩大推广，直至2010年基本覆盖全国农村居民。2007年1月29日，《中共中央 国务院关于积极发展现代农业扎实推进社会主义新农村建设的若干意见》把发展现代农业作为社会主义新农村建设的首要任务。中共十七届三中全会发布了《中共中央关于推进农村改革发展若干重大问题的决定》，特别强调维护土地承包关系的稳定性，积极鼓励土地的合法流转。借助一系列深度整合的改革方案，我国农业产业布局经历了重大变革，并不断追求卓越。在这一过程中，农村社区呈现出安定祥和的景象，农民的实际收入增长接近了两倍，为全国范围内全面建成小康社会奠定了更加稳固的基础。

（七）中国特色社会主义新时代

自中华人民共和国成立以来，经过长期的不懈努力，我国农业农村事业取得了显著进步，踏上了崭新的发展征程。在这一过程中，农业发展的主要

矛盾已经从供给不足逐渐转变为供需结构的矛盾，尤其突出的是供需错配和供给不足并存的现象。近年来，我国一直在农业转型、调整和深化改革等方面进行深入研究和实践，为推动农业产业升级换代奠定了坚实基础。然而，农产品供需结构不平衡、资源配置不合理、生态环境压力巨大、农民收入增长停滞等问题依然严峻，如何平衡增产与提质、成本上升与价格下降、库存积压与销售困难、小农经济与市场需求之间的矛盾，值得深入关注和思考。

党的十八大以来，我国面临着复杂多变的国内外发展环境和严峻挑战。然而，党中央始终高度重视"三农"问题，将解决好"三农"问题作为全党工作的重中之重，并积极倡导工业支农、城市助农，实施宽松的农业政策。特别是在党的十九大上，提出了实施乡村振兴战略的重要部署。展望到2035年，我国将基本实现现代化，农村将承担起更加重要的使命，需要集中力量推进农村全面发展，实现农业、农村和农民与国家现代化同步发展。到2050年，我国将建成富强、民主、文明、和谐、美丽的社会主义现代化强国，农村发展的基础地位不容忽视，必须让亿万农民走上共同富裕之路，使美丽乡村成为实现现代化强国目标的象征。因此，应当尽快补齐农村短板，巩固农业农村基础设施，确保农村不会在新征途上落伍。

第三节　中国现代农业的发展趋势

一、农业基础地位不变

在全球经济社会演变的长河中，尽管工业和服务业的产值不断增长，农业在国民经济中的基础地位却从未动摇。农业不仅是粮食安全的重要保障，更为工业提供了原材料，孕育了众多其他非农产业。农业是为人类提供关键物资的主要生产部门，其剩余劳动成果是其他行业发展的基石。此外，农业还为工业加工部门提供了必要的加工原料。对于任何国家而言，粮食安全都是民生稳定和国家繁荣的重要基石。

农业是农民的主要收入来源，在我国，从事农业的人口占据了总人口的一半以上。推动农业产业发展是实现乡村振兴的重要前提。自2018年3月以来，中央提出了"五个振兴"具体路径，即乡村产业振兴、乡村人才振兴、乡村文化振兴、乡村生态振兴和乡村组织振兴，这将有力促进现代农业发展，推动城乡产业融合，构建完善的乡村产业体系，进而实现经济兴旺的最终目标。

在生态环境保护和生态文明建设方面，农业也扮演着举足轻重的角色。作为人类生态系统，农业具有与自然生态相似的服务功能，包括固定二氧化碳、释放氧气、减缓温室效应、降解毒素、防止水土流失、蒸发水汽等。农业的生态功能不仅有利于维护生态平衡，还为城乡居民提供了视觉享受和休闲场所。

二、农业空间不断拓展

长期以来，传统农业将土地视为主要的生产对象，但随着科学技术的迅速进步，新型的农业模式如工厂化农业、海洋农业、沙漠农业、太空农业和非耕地高效农业等不断涌现，反映了现代农业已逐渐超越地域限制，展现出农业产业多元化发展的趋势。生物技术、信息技术、新材料与能源技术等高新技术的不断创新和应用，推动农业逐渐摆脱土地束缚，实现了农业生产的信息化、智能化和绿色化。

工厂化农业采用工厂化运营模式组织农产品生产，其高效率、高产出和高收益的特点得到了广泛应用。该模式利用现代化生产设备、尖端科技和科学管理方式，成功避免了自然条件对农业生产的限制，显著改善了劳动者的生产环境和工作条件，提升了农业生产效率和整体质量。

海洋农业主要包括海洋渔业和海水灌溉农业两大领域。海洋渔业涉及海洋动植物的捕捞、养殖和种植，而海水灌溉农业则利用海水资源在沿海湿地滩涂进行农作物种植。我国拥有广阔的海域和丰富的沿海湿地滩涂资源，为海洋农业的发展提供了良好的条件。

沙漠农业则利用现代科技手段，结合引水、输水和节水措施，改变恶劣的沙漠环境，实现适宜农作物的种植。节水技术的运用是沙漠农业能否顺利发展的关键因素之一。同时，通过改进作物品种，使其更好地适应沙漠环境的气候、土壤和水资源等自然条件，进一步提升了农业生产效率。

太空农业利用航天技术，在太空环境中进行农产品生产，是一种创新的现代农业模式。通过太空环境的特殊性，可以激发农产品基因的突变，从而培育新品种。此外，还可以利用卫星和空间站对农产品进行生产。

非耕地高效农业是将现代科学技术和先进装备应用于不适宜耕作的土地上，通过现代化的组织管理和经营方式进行生产的农业形式。该模式使原本无法开垦的土地产生较高的经济效益、社会效益和生态效益，对于改善城市生态环境、提供新鲜农产品起到了重要作用。

三、劳动生产率显著提高

劳动生产率是指在特定时间段内，劳动者所生产的产品数量与其耗费的劳动量之比。其水平受当时社会生产力水平的制约。在农业领域，提高劳动生产率主要依赖于农业生产过程中内部各个经济技术要素的变革。当前，农业劳动生产率持续提升的原因包括生产过程的机械化、专业分工和协作的深入改进，以及农村经济合作组织的蓬勃发展。

据相关数据，自 2008 年以来，我国农作物耕作的综合机械化率已从 45.8% 提升至 2023 年的 72%。随着农业机械化程度的提高，农民得以摆脱繁重的体力劳动，拓宽了就业途径并增加了收入来源。农业机械化的发展不仅显著减轻了农民的体力劳动压力，降低了劳动强度，还促进了信息化技术在农业领域的广泛应用。政府为满足现代化农业生产需求，加大了新技术在农业机械设备上的推广力度，并推动了跨学科复合型技术研发与科技引领型农业产业化的结合。这些举措不仅提高了农业生产效率，也改善了农民的劳动条件和安全保障。

专业化分工协作也对农业劳动生产率产生了显著影响。现代农业通过实施专业分工的生产模式，调动各种生产要素进行农业生产，促进农业的商业化和市场化进程。随着分工协作水平的提升，农业生产要素在农业产业链中的流通速度加快，循环周期缩短，农业资源的使用效率提高，从而获得了更高的农业产出。各类农业合作组织的有效运作有效规避了松散农户在市场竞争中面临的风险，有助于推动现代农业发展、促进农民收入增长、提高农业综合生产能力。通过专业化经营将农户与市场紧密联系在一起，拓展了市场信息获取渠道，降低了市场信息不对称对农民利益可能带来的损害，使得农业从业人员能够灵活调整农业生产结构，生产出更符合消费者需求且具有较高附加值的商品，有助于推动农民收入稳步增长。

四、科技贡献率不断提升

科技创新不仅包括自然科学领域的进步，还涉及政策制定、企业经营和行政管理等社会科学方面的改进。衡量农业科技进步对经济增长的贡献程度是评价其发展潜力的关键指标。具体来说，农业技术发展速度指的是在除去新要素投入影响的情况下，农业总价值增长所取得的进展。据《中国农业农村科技发展报告（2012—2017 年）》所述，自 2012 年以来，我国农业科技的贡献率逐渐由 53.5％增至 2017 年的 57.5％。截至 2023 年，我国农业技术的贡献率已超过了 63％，这也标志着我们已跨入世界农业科技领域的前列。这一显著进步离不开一批重要科研成果的研发，例如超级水稻、转基因抗虫棉花、禽流感疫苗等。此外，我们还成功培育了大量优质农作物，其中自主培育的农作物种植面积占比达到了 95％，而畜禽水产品的供应品种也不断丰富。

尽管我国在农业专利方面仍位居全球第二，但我国与美国之间的竞争差距正在逐步缩小。过去五年来，我国农业专利申请量呈现稳定态势，年均保有量 11.5 万件，略微下滑。我国农业领域提出了 57.67 万件发明专利申请，稳居全球首位，占据了 22 个主要农业国家的 55.53％，较之前稳步增长；同时，我国农业发明专利的平均被引用率高达 27.97％，仅次于日本，排名 22 个国家的第二名。截至 2023 年底我国农业发明专利授权数量达到 9.99 万件，占全球总数的 51.99％。在关键的农业技术领域，我国共有 7 项专利表现突出，其中有两个领域是首次进入全球前端（即动物遗传育种、动物疾病预防控制）。值得一提的是，在 13 个重要农业领域的发明专利申请中，我国始终保持绝对优势地位，特别是在动物营养与饲料、植物营养与肥料以及农业机器人等关键领域，其专利申请量已超过了其余 22 个国家的 70％。

同时，我国农业基础研究同样展现出巨大潜力，已经步入了"数量与质量双重上升"的全新发展阶段。中国农业科学论文的发表量居世界之首，无论是被高度重视的高引用论文数量还是 Q1 级别的期刊发文量以及 CNS 级别的期刊发文量，中国都位居前列。

五、农业功能多元化

除了供给食物之外，农业还具有生态、社会、文化和教育等多重功能。根据 1996 年的《罗马宣言和行动计划》，应充分认识和重视农业的多元特征，以促进乡村的可持续发展。同样，1999 年，联合国粮农组织在马斯特里赫举办了一次全球性的会议，有大约 100 个国家参与，共同探讨了农业与土地的多元角色。同时，日本也在同年公布了《粮食、农业、农村基本法》，强调农业不仅仅是经济产业，还具有广泛的社会、生态和政治功能。

六、农村一二三产业融合发展

自 2015 年起，中央 1 号文件开始强调农村经济中一二三产业的融合发展。这一举措对我国农业发展水平的提升、产业链的调整优化、农林业现代化的推进以及农民收入的增长都具有极其重要的意义。农业产业链从之前的单一生产模式逐步转向多元化的种植养殖、产销一体化模式。融合发展为农村地区带来了新的机遇和可能性，刺激了农村新产业形态、技术、元素和模式的创新。例如，一二三产业相互融合催生了许多新兴产业，使原有的农村产业体系不断完善和壮大，从传统农业生产逐步扩展到工业化农业，再进一步发展到绿色农业、休闲农业、创意农业、会展农业等多样化的产业形态。在新技术应用方面，现代信息技术的运用可以高效地利用土地、资本和人力等生产要素，创造出巨大的效益。例如，"互联网＋现代农业""智慧农业""精准农业"等。同时，各类新科技也不断渗透至传统农业领域，改变着传统的农业生产方式，促进新的农产品进入市场。在新的元素方面，农村三产融合发展需要更多以信息、研发、咨询、管理、金融、服务等新元素为基础。此外，农村三产融合发展还要求有效组合和快速流转这些新元素，确保合理地配置、最大化地利用，并发挥出"1＋1＞2"的效果。新型经营模式方面，各类新型经营主体的运作，如跨越不同产业领域的运营、不同业态之间独特的资源优势等，都标志着农村三产融合发展步入了全新的阶段。通过延长产业链，实现生产、加工、销售、贸易、工业、农业的一体化，有效重组土地、劳动力和资金等要素，以及建立利益共享、风险共担的共同体。在国家产业融合扶持政策和相关示范平台的推动下，在供应结构的变化和消费升级的驱动下，农业产业链条的持续延长和农业功能的拓展更加明显，预示着农村一二三产业即将步入蓬勃发展的新时代。

七、产业布局区域化

产业布局区域化是依据比较优势原则，利用特定区域的地形、自然资源和政策环境优势，吸引主导行业的发展，形成产业集聚，实现资源合理配置、降低生产成本和获取规模效益的过程。这种发展趋势受到多种因素的影响，包括产业专业化程度、工业发展水平、交通设施改善以及市场化程度等。产业布局区域化是多种力量综合作用的结果，其中包括自然条件、经济社会发展水平、市场成熟度、科技进步以及持续发展的适度性。同时，人力资本质量、资源禀赋、国家宏观调控等也是其重要的组成部分，反映了国家经济社会进步的历程。然而，近年来，随着经济社会的不断发展和科技的飞速进步，农作物新品种和家畜新品种的覆盖面逐渐扩大，为实现产业布局区域化提供了坚实基础。更为关键的是，适应市场竞争力要求的专业市场发展促进了农业的专业化和地域性生产。

回顾19世纪60年代前的美国，农业由商品性农业的兴起逐渐演变成了南部植棉、中部种粮、东北部家禽饲养等多地域、多行业的特点。在这个过程中，国家工业化进程、交通设施网络的完善以及农产品商品化程度的提升都成为农业区域化发展的有力推动因素，有效提升了农业生产的专业化水平。特别值得一提的是，20世纪40年代的技术和组织改革使美国农业专业化迅速发展，甚至推动了当地农业的质变，进而带动了地区专业化和企业专业化的发展，带来了全新、高端、专业化的产业发展模式。进入当今时代，美国农业在市场化不断深化的大背景下，农业内部的社会分工体系逐步完善，种植业、养殖业、林业、渔业已经脱离附属地位，发展成为独立的产业板块。相应地，越来越多的农业企业积极参与生产、加工和销售的全产业链服务，这无疑对塑造当前美国农业产业布局发挥了重要作用。

我国农产品逐渐呈现出地域优势集聚的趋势，"大而全、小而全"的模式逐步被颠覆。研究显示，四大主粮作物（稻米、小麦、玉米和大豆）的产业集中程度分别高达98％、80％、70％和59％。在休闲农业领域，经济作物如棉花、甘蔗、苹果、柑橘等的产业集中程度也逐步提升至99.9％、

63%、50.7%、54%。养殖业方面,内蒙古、黑龙江、河北、山西、北京、天津与上海等地的奶牛养殖业发展迅速,占全国总数的50%。东南沿海出口水产养殖地带、黄渤海出口水产养殖地带以及长江中下游优质河蟹养殖区,其水产品集中度更是超过80%。值得关注的是,区域特色农产品的生产规模持续扩大,竞争力日益增强,越来越多的新兴产业集群正在逐步壮大。四川西部"稻菜轮作"与西南部茶产业带、福建和浙江的沿海蔬菜加工产业区、环杭州湾海文化珍珠产业区以及围绕会稽山和天目山的特色干果产业区已形成相对完善的产业布局。沿着云南的山脉走向,各式特色产业区不断出现,包括花卉产业区、中药材产业区、茶叶和咖啡产业区、畜牧药材产业区、瓜果药材产业区等,呈现出丰富的分布状态。重庆的涪陵、黔江一带的蚕桑产业区,永川、荣昌的笋竹产业区以及九龙坡、北碚的花卉苗木产业区也已初具规模。安徽致力于皖南山区与皖西部地区的蚕茧产业。陕西也积极推动果业提质增效,以秦岭北麓、渭河以南百万亩猕猴桃作为示范区,成功塑造了世界最大的猕猴桃生产基地。

八、产业服务社会化

农业社会化服务以设施、技术、信息等综合性服务为核心,推动了农业生产模式的转变和提升。这种模式通过专业组织向农户提供全面的生产服务,旨在提高生产效率、改善生产环境、增强市场竞争力。在传统农业模式下,农户的生产活动受限于自身资源和技术水平,导致生产效率相对较低,土地利用率不高。然而,在当今现代经济环境下,产品技术日益复杂,市场需求日益多样化,企业生产需求日益精细化,这就要求农业生产与服务更加专业化、细致化和社会化。因此,发展农业社会化服务成为提高农业生产效益和质量的关键。

随着社会经济的不断发展,农业社会化服务呈现出全维度、多层级的特点。服务范围不断扩大,不再局限于单一的农机设备提供,而是包括了从种植到收获、从生产到销售的一整套服务。政府及相关农业部门积极引导和支持多元化农业服务机构的发展,以满足农民多样化的需求,同时提高服务质量和丰富服务内容。引入专业化管理人才,建立统一的服务质量评价标准,以提升服务水平和规范服务行为。这些举措旨在解决农村发展中的各种问题，推动农业现代化、提高农民收入、促进乡村振兴。

农业社会化服务已成为党的十九大的重要议题之一，并在 2019 年的中央 1 号文件中得到了进一步的强调。该文件明确提出要孵化各类社会化服务组织，为每一户家庭提供全程社会化服务，调整优化农业结构，实现农业品质提升和产业升级。随着经济社会的不断发展，我国农业生产成本持续攀升，自然资源和生态环境压力不断增加，农民收入增长滞缓。因此，建设和完善高效的农业社会化服务体系对于解决"三农"问题、提升农业生产效率、调整产业结构具有重要意义，将为推动现代农业发展和实施乡村振兴战略注入新的活力。

第四节　现代农业的主要任务与发展目标

一、现代农业的主要任务

现代农业的首要任务在于保障粮食供给，其在多个领域均扮演着至关重要的角色。由于不同地域和历史时期对农业功能的需求存在差异，因此需要合理引导和推动农业的发展。随着我国工业化和城市化进程的不断推进，现代农业的重要性更加凸显。在确定现代农业的发展路径之前，必须清晰界定其自身的任务所在。根据我国当前的国情，将现代农业的主要任务归纳为以下四大重点：

（一）保障粮食安全

粮食安全的概念最早由联合国粮农组织在 1974 年世界粮食大会上首次明确界定，旨在确保无论何时何地，每个人都能够获得足够的食品，以维持健康和生活所需。1983 年，该组织进一步完善了粮食安全的定义，将其提升至"全体民众能够随时购买且负担得起必需食物"的层次。尽管随着社会进步，粮食安全的内涵逐渐扩展，但其仍包括四个关键要素：产量、价格、流通畅通度和品质。判断粮食安全程度的要点包括：产量必须足够满足市场需求，价格应该合理且能够让生产者和消费者都获益，流通渠道必须稳定，确保各地粮食供应及时，同时质量检验也必须得到保障，以满足人民对于营养均衡、结构合理以及清洁健康的饮食需求。

确保粮食安全的重要性在于以下几个方面：

（1）粮食作为国家经济稳定发展的基础，其充足供应对于维护国家的经济增长至关重要。

（2）作为全球粮食主要生产国之一，中国在粮食供需关系方面具有重要影响力，其供应情况对国际市场有着深远的影响。

（3）粮食在面临危机时具有独特的价值，充足的粮食储备可以有效缓解危机带来的压力。因此，我国需致力于提高农业粮食产能和整体生产力，以确保足够的粮食自给自足，从而保障国家粮食安全。历史经验表明，20世纪80—90年代初期的粮食稳定供应推动了国家经济的增长，而粮食供应不足则可能导致经济衰退。因此，强化农业粮食产能对于国家经济的稳定协调发展至关重要。

（二）供给其他重要农产品

除了粮食之外，还有许多其他重要的农产品也对供需关系至关重要，包括用作主食的油料、甜菜、肉类、禽蛋、牛奶、蔬菜、水产类产品，以及与生产相关的工业原材料，如棉花和动物皮草等。随着日常膳食的日益丰富，这些农产品在向公众提供必需营养素方面所占比重不断增加。此外，为满足与之紧密相关的工业需求，稳定和优质的农业原料供应也显得十分必要。从长远来看，农业提供的原料产品无论是支持国内工业的发展还是创造外汇方面，都发挥着不可估量的作用。

然而，国内工业对农产品原料的需求远远超过了国内农业原料的供应能力，因此大量进口已经成为平衡市场的必然选择。例如，我国农产品进口的首要品种大豆，2023年进口量达到9940.9万吨。大豆的大量进口将导致大豆种植面积年际波动约70万公顷，价格波动超过40%。另外一个值得关注的问题是，由于大量农产品，特别是用作原料的农产品的进口迅速增长，我国的农产品贸易已经由过去的经常性出口转变为现在的持续性进口，预测2023年，农产品贸易逆差将超过1500亿美元。因此，保障农业的全面产出不仅关乎食品供应，还涉及农产品原料的充足供应。

（三）增加农民收入

在农业领域改革之前，农民的收入主要来自农村地区。随着工业化进程和城市化建设的不断深化，农村劳动力逐渐转向非农产业，开始从事季节流动性工作，逐步向全职转岗，甚至全家迁徙至城市。在这个过程中，农民非农业收入的比例逐渐增加，而农业对其总收入的贡献相应减少。然而，考虑到以下三个方面因素，发展现代农业以提高农民收益仍具有重要意义。

（1）农业作为国民经济的基石，其稳定发展对国家至关重要，提高农民收入并缩小城乡收入差距是实现这一目标的必要条件。

（2）尽管城市化进程吸引了大量农村劳动力进入城市，但未来仍有相当一部分人口留在农村，他们需要现代农业的支持来维持其稳定的生产生活。

（3）考虑到我国人口众多，就业问题一直是影响人民福祉的关键问题，农业始终是吸纳劳动力的重要产业。

农业对农民收入的主要贡献来自自主经营收入和劳动雇佣收入。农业的持续稳定发展取决于农业经营效益的持续增长，只有在经营效益提高的情况下，农民才会有更大的积极性。目前，提高农业经营效益可以激发农民对农业生产的热情，其中包括积极引入现代技术和扩大投资规模，进而推动农业现代化发展。提高农业经营效益主要包括以下三个步骤：

（1）通过优惠政策来提高那些对社会仍然重要但收益较低的农产品的经营效益。

（2）引导农民调整农业生产结构，在保障必需农产品供应的同时，大力发展经济效益高的农产品。

（3）改善农业生产环境，提高农业生产的现代化程度，增强农产品市场竞争力。

（四）带动乡村发展

尽管城乡人口流动可能导致乡村人口数量减少，但乡村建设仍然具有至关重要的意义。首先，广大农村地域辽阔、资源丰富、自然环境优越，即使城市化进程日益完善，仍有大约 20%～30% 的人口选择留在乡村。因此，乡村建设应优先考虑满足农村居民的需求。其次，作为农业的核心区域，乡村承担着农业生产的重要职责，良好的乡村建设有助于保持农业人口的稳定，进而促进农业的健康发展。最后，通过吸引城市居民前往乡村休闲度假，推动乡村旅游业的发展，可提升当地居民的生活质量和财产性收入。

驱动乡村发展的有效途径包括：

（1）现代农业的发展可以促进农民收入增长，为乡村发展提供持续的资金支持。

（2）现代农业往往伴随着农业主导产业链的深化，有利于促进一二三产业的融合发展，吸引人才、资本和市场流入乡村。

（3）围绕主导产业展开多功能深度开发，提高商品的附加值，增加经营者的收益，吸引城市居民前往乡村，提升地方的知名度和吸引力。

（4）现代农业的发展推动农业服务业的繁荣，吸引更多个人参与现代农业运营，使其成为各类关联产业的核心枢纽，为乡村发展持续注入活力。

二、现代农业的发展目标

基于对当前农业发展前景及现代农业规划方针的深入分析，现代农业的发展目标主要有以下 10 个方向。

（一）安全化

相对于其他发展目标，安全性无疑被视为现代农业的首要任务和核心焦点。这涉及食品的数量安全和质量安全。简言之，安全性意味着保证人们能够充足地获得食物，并确保所摄入的食物具有较高质量标准，有益于健康。为此，必须确保农业产品的种类、供应量和质量能够满足人们日益增加的生活需求。我国政府在此方面的探索和尝试已经取得了显著成果，例如实施"米袋子"省长责任制和"菜篮子"市长负责制等措施。

（二）规模化

经营规模化是指农业单一经营主体或单一农产品生产达到特定数值的状态。它有助于使每个劳动力掌握更多的生产资源，更好地运用现代化设备和工具，实现效率和效益的增长。在确定农业生产的基本规模时，特别是涉及土地利用规模问题时，不应仅仅追求效率和效益的最大化，还应高度重视农民参与经营活动和就业稳定性的保护。因此，倡导适度规模的经营模式，不主张盲目扩大生产规模。

（三）组织化

运营机制体系化是指农业生产、销售和消费各环节之间的有机整合，同时也是多种因素相互影响的结果，包括家庭状况、规模需求和风险条件等。我国已经开展了以下四种新型农业运行模式创新。

（1）强调利用农村土地流转作为有效手段，进一步提升农业经营的规模效益。通过培育农业大户、家庭农场、合作农场以及股份制农业模式，实现种植与养殖的有机结合，推动农业产业向现代化、规模化方向发展。

（2）借助农民合作社等平台，搭建农民与市场沟通的桥梁，促进农产品与市场需求的有效对接。这种稳固的联结为农民拓展了发展空间，引导他们逐步进入现代化农业生产的轨道。

（3）支持领军企业的发展，通过带动现代农业的全面进步，推动整个农业产业链的良性循环。这一举措将为构建现代化农业产业链系统奠定坚实基础，提升农业整体生产效率和质量水平。

（4）针对农业专业化、市场化、产业化的发展趋势，着力培养农民经纪人、农民专业协会、专业服务公司等新型农业服务主体，助力农民更加顺利地融入市场，应对激烈的竞争挑战。

（四）产业化

农业产业化要求以市场需求为导向，将经济效益作为核心驱动力，将主导产业和重点产品作为主要突破口，优化各类生产要素配置，实现区域化生产布局、专业化生产制作、大规模基础设施建设、系列化深加工处理、社会化全方位服务和集团化高效管理。这种平衡模式是随着农业市场化程度不断加深和市场竞争日益激烈而引发的，也是提升市场竞争力的关键途径。

（五）标准化

标准化概念着眼于运用"统一、简化、协调、优选"等原则，将创新的生产技术和丰富的实践经验整合成为完善的农业标准体系。这一标准体系通过精心制定和切实执行，旨在实现农业全链条各环节的标准化生产和管理，从而确保农产品及其相关农副产品的生产和加工达到优质、高产、高效、安全的目标。农业标准化不仅是推动农业产业结构调整和深入发展的重要技术基础，同时也是规范农业生产过程、保障消费者权益进而带动农业经济繁荣的重要策略手段。

（六）设施化

设施农业作为一种新兴的农业模式，主要依赖于工程科技手段，并且要在适宜的环境调控条件下实施，以实现动植物生产的高效率。该概念涵盖了设施种植业、设施养殖业以及设施食用菌产业等多个方面，是我国应对"人多地少"这一现实国情并保障可持续发展的最有效的技术途径。

（七）装备化

装备化不仅仅是简单地应用生物与农艺技术，更是全面整合机械、电子、液压、信息等多项尖端技术，打造出一个自动化、信息化、智能化的全方位农用装备体系。农业装备是提升耕地产出率、劳动生产率、资源利用率的有力工具，并以此成为农业现代化的必要物质支持和核心支柱。值得注意的是，尽管我国的农业装备产业近年来获得了迅猛发展，已成为全球最大的农业装备生产国和使用国，但实际市场需求显示，超过90％的国产农业装备仍处于中低端水平，无法完全满足现代农业发展的需求。

（八）智能化

农业智能化战略的核心宗旨在于充分有效地采纳并利用先进信息技术的优异成果，创新性地整合物联网技术、大数据处理技术、无缝传输技术以及广泛引入的遥感系统（RS）、全球定位系统（GPS）、地理信息系统（GIS）、仪器观测以及实验研究等多元化手段，实现在农作环节诸如农作物种子选择与培育、农田种植管理、土壤环境质量管控、农业科研设备运行等各个层面的实时智能化监控与管理。现代农业的智能化进程涉及诸多关键步骤，包括农作物品种选育及幼苗培育、种植管理流程优化、土地与环境治理调控、农业科技设施的完备及其实际操作等，并在此基础上深度融合计算机软件技术。随着大数据、云计算与人工智能技术的不断发展和持续壮大，这些前沿科技在现代农业领域的应用将会日益普及且深入人心。

（九）品牌化

品牌战略作为一种新兴的经济增长模式，是指企业通过取得相关质量认证，确保产品符合严格标准，并注册专用商标，以增强市场认知度和社会美誉度，从而赢得更高的经济收益。然而，当前农产品市场面临诸多挑战，包括生活水平的显著提升、农产品供需关系的调整以及消费者生活习惯的改变等。这些因素影响着农产品市场的变化，引发了对消费多样性、品质追求以及个人定制的广泛关注。如今，消费者对农产品的选择不再仅仅偏好价格实惠的产品，而更倾向于具备独特品种、出色品质和知名品牌的产品。为满足市场需求，农业部门推出了全程标准化的无公害农产品、绿色食品、有机农产品和地理标志农产品认证登记工作，这些被视为现代农业发展进程中的关键环节，更是品牌农业实现的必要途径。

（十）绿色化

绿色农业是一种以保护环境、维护农产品安全与质量为核心目的的农业模型。通过协调农业生产与环保事业，绿色农业致力于推动农业发展，提高农民收益，同时保护自然环境，确保农产品的纯天然无污染，实现环境资源与农业生产的整体发展。生态物质循环、农业生物科技、营养物综合调控手段、轮作种植等是绿色农业研究的重要课题。

第五节　农业现代化的实现路径与模式

当前，我国正处于工业化、城镇化和信息产业化的飞速升级阶段，综合经济实力稳步增长。要实现城乡一体化发展，达成"四化同步"，必须加快农业现代化步伐。农业现代化不仅是全面建成小康社会的基础保障，更是推进现代化进程的重要组成部分。

一、农业现代化基本内涵和重要意义

（一）农业现代化基本内涵

农业现代化涵盖了从传统单一农户生产向涵盖农业、林业、畜牧业、渔业以及工业、商业等多元产业链的转变。这一转变标志着机械化、工业化技术在农业中的应用，生物科技改变了农业生产环境，同时在充分运用现代市场经济理念下，构建了一种高度融合的生产体系。农业现代化的目标是提高整体生产力水平，同时确保农业生态环境的平衡，优化资源配置，实现农业的可持续发展，最终实现人民共同富裕的理想。

现代农业与农业现代化虽然密切相关，但有所区别。现代农业更加综合和包容，涵盖农业的各个领域以及其他产业，如工业和商业，体现了一二三产业的有机融合。而农业现代化是一个相对的概念，代表着实现现代农业和不断升级现代农业的过程。因此，现代农业描述的是当前农业的状况，而农业现代化则描绘了未来农业的理想状态、模式和实现路径。

现代农业必然是高效率、高科技含量的农业。自 20 世纪 30 年代起至今，许多工业化程度较高的国家通过广泛应用机械化技术、生物技术以及管理技术等综合手段，逐步完成了由传统农业向现代农业的跨越式转变。这一

过程基本实现了农业现代化的预设目标。

随着经济社会的进步和发展，农业现代化的特征也在不断变化。总的来说，农业现代化的特征主要表现在以下几个方面：高度机械化、科技化、效益增长集中化、社会分工细致化、生产效果优质化、劳动力智能化和生态保护化。

（二）加快推进农业现代化的重要现实意义

农业作为国家的基石，其现代化发展对于实现全面现代化具有至关重要的意义。当前，我国正处于跨越式发展的阶段，全面推进现代农业建设既是促进城乡协调发展的关键一环，也是确保经济全面发展和实现全面现代化的坚实基础。

深入推进农业现代化是贯彻科学发展观的必要举措。加快农业现代化建设不仅可以释放并激发广大农村地区的生产潜力，显著提升综合产出效益，更能有力地推动农村各个领域全面进步与繁荣。更为重要的是，这项措施有助于加强农产品生产过程中的品质监管，有力地缩小城乡间的发展差距，进而实现城乡之间以及工业与农业之间的交流互动和互惠合作，以期达到城乡协调发展的宏大目标。除此之外，农业现代化亦可以通过科学有效的方式对各类资源进行统筹规划及开发利用，全力保护和提升生态环境质量，从而强化农业的可持续发展能力，进一步打造经济、人与自然和谐共生的宏伟愿景。

农业现代化的实现是提升农业生产效率、优化资源配置、提高农产品质量和增加农业经济效益的必然趋势和必要途径。现代产业的发展依赖于农业的支持，农业生产和生活资料、服务产品以及生态产品都是现代产业的重要组成部分。农村经济社会发展需要将一二三产业融合发展，拓宽农业发展领域，发挥农业的多元价值，以优化产业结构和提高农产品质量为目标，不断提升农产品的技术水平和资本投入，从而提高农业效益。

农业现代化还能有效提升农产品的国际竞争力。国际农产品市场竞争主要涉及价格、质量、安全性、品牌形象和经营方式等多个方面，实质上是现代农业发展速度和水平的竞争。加快农业现代化进程，关键在于改良和升级传统农业，持续发展农村生产力。面对全球化的挑战，只有大力推进农业现代化，使农业生产水平显著提高，才能提升农产品在国际市场上的竞争力。

二、国内外农业现代化模式与经验借鉴

（一）国外农业现代化模式

各国农业现代化的实践经验显示，通常存在两种推进农业现代化的途径：劳动密集型和资本密集型。选择途径的决定因素包括人口结构、土地资源和工业化水平等。对于人口众多而土地稀缺的国家，应该着重提升劳动生产率，以增加单产为重点；相反，对于土地广阔而人口稀少的国家，则需要更多地依靠机械化，加速农业现代化进程。

1. 美国模式

美国以其广袤的土地和相对丰富的人均土地资源而闻名。美国的农业生产率、商品化程度、经营效益以及资源配置效率均处于领先地位。得益于政府干预与市场主导相结合的农业经营策略，美国将现代科学技术和工业机械装备农业视为支撑，采取大规模机械化管理，形成独特的农业现代化发展之路，即"大规模生产＋市场机制＋政府保护"模式。类似的模式也在加拿大、澳大利亚和俄罗斯等国体现。

美国农业模式的特点如下：

（1）实现了农业的科技化、机械化和规模化，显著提高了劳动生产率。

（2）建立了高度产业化、商品化和社会化的农业体系，农民经济合作组织在生产和市场之间发挥了关键作用。

（3）政府采取了强有力的保护政策，促进了系统性、制度化和可持续的改进。美国政府通过法律手段建立了完整的农业政策支持体系。

2. 日本模式

日本人口密集而土地狭窄。在政府主导、市场辅助的策略下，日本以提升土地效益为主线，依托小农户所有权、农业合作社及政府支持构建了农业运营框架。农业科技的引入和创新，加上政府的明确调控，构成了"小农经济＋农协组织＋政府保护"的运营模式。这种模式以其有限的土地资源为基础。与此相类似，荷兰的农业模式也采取了类似的发展路径。

日本模式的显著特征如下：

（1）政府大力投入农业资金，并通过多种渠道确保农业金融支持。

（2）引导农村劳动力有序流动。

（3）用法律政策维护农民权益。

（4）引进先进农业技术，推动精细耕作的发展。

（5）开展农业管理体制改革，推动农业产业化、市场化和国际化运营。

3. 西欧模式

在欧洲大陆，如英国、法国以及德国等诸多国家，积极倡导农业机械技术与生物科技的深度融合，将先进的农业生产技术及设备作为现代化农业实现的重要基础，并倡导在物力投入和智力投入上保持平衡，致力于多元化的技术改革。

农业机械化、水利化、电气化以及园林化的深入推进，旨在最大限度地提升土地利用效率和劳动力产出能力。在此背景下，英国在农业现代化道路上作出了众多实事求是的决策。1947 年，英国颁布了第一部战后农业法案，此后更是不断推出有助于农业发展的相关立法，借由法律途径来全力保护并扶持农业发展。其政府亦编制出一系列政策用于保护农产品价格，并建立了相应的补贴制度，以期在促成农地联合经营和农业产业化的过程中提升农民收入。此外，政府为确保农业经济的稳定增长，还会对贫困地区提供农业基础设施建设的支援，对于自然环境艰苦的山地地带，也给予了相应的援助。

面对土地资源紧缺、人口密度过大的现状，法国政府制定了一套详尽的农业发展方针，积极推行强化土地集中管理和扩大农场规模的策略。除此之外，还专门成立了"土地整顿与农村安置公司"负责土地购买事宜，经过处理之后再以较为实惠的价格出售给农民，特别是那些中等规模的农户，从而引导农场的规模化经营、限制土地交易。

从实践上看，政府不仅仅重视农业基础设施的建设、农业科研和教育推广等方面的公共投入，同时也非常重视对农业领域的智力资源投入，包括对农业教育、职业技能培训以及研发方面的资助。

研究外国农业现代化模式，可为我国农业现代化之路提供借鉴意义。

（1）传统农业向现代农业转型需因地制宜，充分考虑我国的实际情况，借鉴他国经验时需审慎对待现状与背景的差异。地方行政机构应因势利导，探索独具特色、符合实际的逐步推进农业现代化的路径和方式。

（2）科技革新是推动农业现代化的关键因素。数据显示，先进国家的农业现代化涵盖机械化、品种改良、化学肥料使用和水利工程等方面，这是现代科技实力的最好体现。科技革新的实践是建立现代化农业体系的基础。

（3）农户通过参与农村合作社融入市场，并促使传统农业向现代农业转变。合作社发挥了帮助农户提高应对市场波动和自然灾害的能力，在发达国家得到广泛应用和推崇。

（4）农业基础设施的建设及生产环境的改善对于提升农产品质量和产量的重要性不言而喻。这种基础性物质投资在整个农业生产过程中起着举足轻重的作用，对于推动农业现代化的发展乃至整个社会的可持续发展具有决定性的意义。农业基础设施的完善，如灌溉系统、排水系统、道路交通等，能够有效提高土地利用率，改善生产环境，从而促进农业产出的提升。此外，科研体制的构建以及科研成果的推广体系的建立同样是至关紧要的。这样的体系应当根据市场需求进行调整和完善，以便构成一套完整且有效的科研推广支持系统。

（5）政府对农业领域的支持与保护是不可或缺的。考虑到农业产业的特性，政府应该采取保护政策，协助农户在不完全竞争和不均衡的市场环境中生存与发展。

（6）推行现代农业必须坚持可持续发展原则。应借鉴发达国家经验，立足于农业资源的开发、利用和保护全过程，找出符合我国国情的发展道路。在注重合理开发与高效利用自然资源的基础上，我们不仅要进一步提高资源利用效率和产值，更要致力于确保农业生产、经济增长、自然资源保护和生态环境治理形成良性互动。只有在实现经济效益的同时，兼顾生态环境的可持续性，才能为农业的长期发展保驾护航，确保子孙后代也能享受丰富的自然资源和美好的生态环境。

（二）国内农业现代化有益经验

我国政府高度重视农业发展，将"三农"问题作为多年来中央1号文件的主题，各地积极推动现代农业建设，形成了一系列值得学习和实践的经验和模式。

1. 山东省推进农业现代化经验借鉴

山东省凭借其在国家农业发展领域中的领军地位，近年来积极致力于推进农村经济体制变革。以市场需求为核心，山东省全力提升农民的收入水平，并努力调整和优化产业结构，实现了农业规模化、标准化、产业化、现代化以及市场化的深度实践和有效探索。

（1）山东省勇于打破传统思维限制，成功构建起一套完整的产业链条，包括规模化种植、标准化生产、产业化经营、现代化加工和市场化运营，形成了融合产加销、贸工农的整体发展格局。

（2）山东各地抓住地域特色，以特色产业为主导，培育出一批全国著名的产业和特色产品，逐步实现了板块经济和规模经济的发展。

（3）山东对具有良好发展潜力且能带动地方经济的龙头企业提供全方位的支持，助力其不断壮大，部分已成为全国知名企业集团。

（4）山东注重提升农产品质量水平，构建农业质量标准、质量监督检测及标准化技术推广体系，以适应国际贸易中的绿色壁垒和 WTO 对农产品出口的质量要求。

（5）山东不断拓展农产品市场渠道，以"大流通、大市场"为原则，重点布局、建设大型农副产品专业批发市场，提高了农产品销售效率。

2. 浙江省推进农业现代化经验借鉴

自 1998 年以来，中国农业步入新的历史时期后，浙江省委及各级政府一直根据地区实际情况，精准施策，致力于推进现代农业的长远发展，并取得了令人瞩目的成效。

（1）浙江省立足自身丰富多样的资源优势，积极调整农业结构布局。在充分尊重广大农民自主决策权的原则下，减少对土地承载力较大且生产成本较高的大宗农产品的盲目种植，重点扶持具有地域特色和劳动力密集程度较高的商品果蔬产业。同时，将农业与加工业融合，优化了农业产业链构架，实现了农业从被动改良到主动规划的深刻变革。

（2）浙江省大胆创新农业经营模式，促进农业市场主导力量的成长。通过广泛宣传倡导，激励广大农民遵循"自愿、合法、有偿"的基本原则，推动了农业产业化的深入发展，支持了龙头企业、农产品供销合作社、农业行业联合会和家庭农场的崛起。这促使农业各环节有机联结，扩展了农业产业链的广度和深度，推动了农业从传统粗放式小规模生产向高效化、集约化的大规模化生产转型。

（3）浙江省坚定地走科教兴农之路，推动农业增长方式的革命性转变。

通过各类体制机制和技术的创新，推广应用先进的农业科技，提升了农业在国内外市场的竞争地位。同时，进行了农业科研和技术推广系统的重大改革，实现了科研成果与实际生产的紧密衔接，加速了科技创新成果的转化过程。此外，浙江省还成功打造了农业标准化体系，持续完善农产品检验检测和安全保障体系，推动了农业向环保型、清洁型升级。

（4）浙江省持续增加对农业基础设施的投资力度，巩固了现代农业稳步发展的基础。浙江省全面推进农业基础设施建设及生态环境保护工程，有效落实了高标准农田等重大项目，改善了农业生产条件，增强了农业抵抗自然灾害的能力。这些举措为农业产业健康发展提供了坚实的后盾，为各项政策措施的执行创造了有利的环境和条件。

三、实现农业现代化的基本模式与路径选择

（一）基本模式

随着信息通信技术（ICT）的迅速发展，全球农业领域迎来了前所未有的历史机遇，但也面临着前所未有的挑战。本书旨在借鉴西方发达国家农业现代化的成功案例和本土现代农业建设的优秀实践，结合我国人口众多、土地资源紧缺的实际情况，提出了符合我国国情、切实可行的农业现代化模式——高效生态农业。该模式的核心理念是满足绿色、安全食品供应的需求，促进农民持续增收致富。其核心任务在于构建家庭经营与产业化合作经营相辅相成、互相依托的新型双层经营体系，以提升农业的整体生产力、市场辐射力和可持续增长动力，实现经济、社会和生态效益的多赢格局。该模式强调技术密集型、劳动密集型和生态环保型并重的理念，以及高成本投入、高产出收益、高效益回报的可持续发展目标。相较于传统的粗放式农业，高效生态农业在注重经济效益的同时，兼顾保护自然生态系统的平衡，体现了现代农业的普遍特征，符合我国现代农业的内在特质。

（二）实现路径

在遵循以上基本模式的基础上，我国农业现代化建设应顺势而为，寻求一种能够保证经济效益显著、产品品质优良、资源有效利用、环保达标，同时充分发挥人力资源优势的新型农业现代化建设模式。

1. 走经济高效的农业现代化之路

该模式旨在借鉴生态经济学理论，促使农业发展观念发生根本性的变革，培育出能够带动地方经济发展的支柱型产业和颇具竞争力的特殊产业。关键步骤包括全面提升农业集约化经营水平，拓展农业功能领域，推动农业产业链向纵深发展，提高农产品附加值，优化配置生产要素，使农业成为真正能够助力农民持续增收致富的高效率产业。

2. 走产品安全的农业现代化之路

该模式致力于打造以绿色消费为引领、以优质安全农产品为主导的生态体系。为实现这一目标，必须严格遵循绿色无公害农产品的生产标准，建立完备的农产品质量安全保障机制，提升农产品品质，强化国内外市场竞争力。

3. 走资源节约的农业现代化之路

在考虑到我国大部分地区农业资源稀缺和水资源匮乏的情况下，秉持农业资源开发与保护同步进行的原则，大力推进农业循环经济。通过推广多样化资源循环利用方式和创新农业种植方式，最大限度地利用农业资源。

4. 走环境友好的农业现代化之路

以持续农业发展为核心目标，尊重自然规律，推广农业清洁生产方式，加大农业生态环境建设力度。建立人与环境和谐共生的生态环境，实现人类与大自然的和谐共生。

5. 走技术密集的农业现代化之路

在推动农业现代化进程中，应全面强化对农业科技的支持力度，积极推进传统耕作技艺与尖端高新科技的融合，致力于打造一套完善高效的农业技术创新实践体系。这样的举措旨在有效提升农业领域的科技含量和技术贡献率，为农业现代化注入源源不断的新动力，促进农业生产方式的转型升级。

6. 走人力资源优势得到充分发挥的农业现代化之路

针对我国人口众多、可耕地面积有限的客观实际情况，必须充分挖掘并充分利用人力资本的潜力，提升农业从业者的综合素质以及对现代科技的驾驭能力，以达到更佳的经济效益。同时，应积极倡导发展劳动密集型与技术密集型相结合的复合产业形态，积极探索符合新时代潮流的农业现代化发展新路径。

四、加快推进农业现代化的政策措施

在推动现代农业建设的过程中，须立足于本国实际情况，充分借鉴国内外先进经验，并根据国情、地方情况和社会公益需求，逐步形成新的思维方式，不断创新，解决阻碍现代农业健康、有序发展的问题，提升建设水平。

（一）加强农业基础设施建设

必须高度重视并加强农业基础设施的建设工作，这是农业生产所需的关键物质技术支撑，对于提升农业发展环境、推进现代农业建设具有至关重要的作用。具体而言，应采取以下措施：

（1）加快推进农田水利等关键设施的建设，以提高农业抗灾能力和生产效率。

（2）积极推动农业优良品种培育、农业科技研发与应用、动植物保护等工作，以提升农业生产质量和效益。

（3）实施乡村道路拓宽、农村沼气推广、人畜饮水改善、节水灌溉等民生工程，以完善农业基础设施，提升农民生活水平和生产条件。

（4）加强农业环境保护，推进荒山绿化和农田林网建设，减少土地沙化现象，保护农业生态环境。

在这一过程中，政府应扮演主要角色，加大财政投入，制定政策引导，完善农业法规，加强农业监管，以提升现代农业发展的保障能力。

此外，应鼓励和支持民间资本投资农业基础设施建设，形成国家、集体、社会力量等多渠道、多形式、多层次的多元化投融资模式，促进农业基础设施建设的全面发展。

（二）保障主要农产品有效供给

应将粮食生产置于现代化农业建设的关键地位，通过稳固种植面积、调整品种构成，并借助科技力量提升单产，进一步提升我国粮食综合生产能力。

（1）应当加强粮食生产基地及大型商品粮基地建设，加强粮食生产核心区以及万亩高产示范区的规划和建设。各地应清晰明确并实现粮食发展的预期目标，制定并实施相关政策，整合资源、全面开发，加速完成粮食生产能力建设的进度计划。同时，应建立相应的利益补偿机制，对生产粮食最多的县级行政单元提供财政奖励与扶持，以稳定粮食增产、增加农民收入以及提升财务实力，从而激发农民种植粮食的积极性。

（2）应合理布局产业，科学确定各区域农业发展重点，培育优越且特色鲜明的产业带，使农产品加工业、流通业、储存运输设施的建设聚集于优势产区。采取积极措施，鼓励并支持优势产区优先发展特色农产品，例如粮油、果蔬、乳制品、肉类等重要产品，并快速发展特色水产业，以确保各类农副产品的稳定供应。此外，根据地域特点，发展特殊产业和乡村旅游业，特别是在养殖行业，要加大资金和政策方面的支持力度，推动集约化、标准化发展。同时，还要努力健全农产品质量安全监管体系，全面提升农产品质量安全水平。

（3）对于农产品质量安全问题，必须给予充分的关注并采取积极措施加以改进和完善。这不仅要求地方政府快速完善食品药品安全监管体系，进一步提高监管效率，更需要通过建立完备的农业标准和强化农产品质量安全管理工作来实现。在这个过程中，有关部门需严格控制农产品产地环境、投入品使用情况、生产流程以及最终产品的质量水平，全面贯彻执行农产品全程质量安全管理责任，确保每个环节都严格符合标准和规定。此外，需要引导企业更好地承担起质量安全方面的主体责任，实施更为有力的产品质量安全追溯制度、召回制度等强制性规定，同时设立更有效的市场准入门槛和退出机制。在此基础上全力推动绿色食品和有机食品的发展，加大对农产品注册商标和地理标志的保护力度，推动整个农产品行业向更高品质的方向迈进。

（三）加快农业科技进步

智慧农业是以科技赋能农业及农民，提升农业科技水平及农民综合素质的现代化农业。推动现代化农业发展，离不开科技的驱动。需要强化农业科技实力，提升农业生产及资源利用率，实现从产量至上到质量效益导向的质变；同时，需要改变依赖劳动力及自然资源因素，转向依赖科技进步及劳动者素质的可持续发展轨道。

（1）加强农业科技投入和创新机制的建立。政府应加大对农业科研的投资，并建立全面的农业科技创新体系。这一举措将有助于推进农业主导产业的发展，优化区域间优质农产品的布局，提高种质资源改良、储存加工、病虫害防治、资源综合利用和生态环境保护等方面的技术水平。同时，构建科技集成与实践的高效机制，进一步增强农业科技创新的自主性。随着大数据、物联网等各类高新信息技术在农业中的深入应用，农业生产正逐步实现科技化。

（2）推广农业科技并提高其实际应用价值。应该重视新品种、新技术、新型肥料、新农药、新器械的推广，加速科技成果向生产力转化。同时，深化国家级农业科技推广体制改革，鼓励多元化主体共同参与农业技术的传播，优化利益分配模式，激励推广工作的积极性，从而提高农业科技的转化效率。着力塑造具有高科技含量的农业领军企业和专业合作社等机构，着力推进科技展示、推广以及相关培训活动，促进农业科技与农村经济的良性互动。此外，推进农村信息化建设，完善市级、县级、村级的农业信息服务网络，缓解农村信息化程度不足的问题，为当代农业发展提供有力的技术支撑。

（3）提高农民职业素质和就业竞争力。应当深入开展农民的职业教育和技能培训，提升广大农民群体的科学文化素质和劳动就业能力。重点培育一批能够掌握前沿农业科技知识的农民精英，为现代化农业的持续繁荣注入新的动力。

（四）推进农业产业化经营

实施农业产业化运营无疑能够促进乡村企业、乡村服务业以及现代农业的深度整合，突破城乡界限，将生产同种产品的农民串联起来，构筑紧密相连的农村三产体系，从而提高农业生产整体效益。

（1）首要任务是发掘及培育领军型企业，以提升其对农户的助益作用。这些企业能够引入先进的经营策略、管理方式和科技设备，从而增强农业的综合竞争优势。为此，政策层面应给予支持，包括投入优惠政策、创造宽松环境并挑选优秀项目予以扶植，最终成就大规模、知名度高且涉足广泛的现代农业龙头企业。鼓励企业通过科技创新和资源整合建立现代企业制度，从而扩大业务覆盖面和增强整体实力。例如，河北省可着眼于农产品加工业，大力推进大宗农产品的深加工，同时关注包装、储藏及运输环节，严格把控产品质量和价值。

（2）必须努力改善并创新利益联结机制，妥善处理企业与农民之间的利益关系。全面实施契约式管理，倡导企业以合同形式稳健发展，推行订单农业，与农民建立紧密联系和稳定供求关系，实现互惠互利。此外，充分发挥农民专业合作社的纽带作用，增强农民在市场交易中的参与度。

（3）必须坚持不断地完善和创新利益联结机制，妥善处理和平衡企业与农民间的权益。可以通过全面推广契约化运营方式、约束性的合同管理等手段，激励龙头企业借助合同契约，以订购农产品为纽带，与农民建立稳定且持久的供需关系，达到双方互利共赢的效果。同时，应充分发挥农民专业生产合作社的中间桥梁作用，切实提高其在农产品交易中的影响力。

（五）健全农产品现代流通体系

现代流通体系是保障市场高效运行的关键因素，构建涵盖从生产到零售全过程的农产品流通网络势在必行，以此发挥市场需求对现代农业的强大推动作用。在实际操作中，应合理运用先进的物流技术，完善相应的农产品市场配套设施。

（1）亟待加快农产品市场信息化建设步伐，打造全面、可靠的农产品批发市场信息系统。此举将充分利用各个区域已有的农业信息资源，逐步搭建起权威的农产品批发市场信息网络，为广大从业者及消费者提供包括价格、供需情况、农田布局、资本流动方向、行业政策与气象监测等在内的详细、精确的市场动态信息。同时，大力推进大型农产品批发市场自有网站建设，致力于现代化电子商务运营模式的发展，逐步实现市场交易、结算、仓储、运输及配送等环节的全方位数字化管理。

建立和完善农产品市场信息收集、传递渠道，使市场信息的采编、传输及发布规范化，从而指导农业生产，维护市场平稳有序的运行秩序。这一举措不仅有助于提高市场的透明度和运行效率，还能促进农产品的流通，优化资源配置，推动农业现代化的全面发展。

（2）需要积极推行农产品分类划级经营模式，实行农产品"质量等级化、重量标准化、包装规范化"原则，为新型流通方式（如代理、拍卖、电子商务等）提供必要技术条件。

（3）必须严格遵循市场准入标准。在升级质量检测硬件设施之时，务必坚决把好产品入市的质量关口，严禁质量超标产品流入市场，从而提升市场声誉，保证农产品质量安全。对于市场经营机构、企业、农村合作经济组织以及从事农产品贸易的个体，都要实行严格的资质等级评审制度，以此激励所有参与者对于质量安全的重视。

第二章　现代农业生产体系

第一节　现代农业生产体系的内涵与构成

一、现代农业生产体系的内涵

现代农业生产体系可视为先进生产工具与技术的综合体，其目标在于提升农业的增长动力和生产效益，从而展现现代农业生产力的发展水平。建立这一体系不仅需要将现代化设备引入农业生产，还需要依靠现代科技支持农业，实现农业的现代化改造，转变农业的投入模式，从依赖资源消耗转变为借助科技和提升员工素质，以提高资源利用率、土地产出率以及劳动生产率，增强农业的综合生产潜力和风险抵御能力，从而彻底改变传统农业依赖人力和畜力、"靠天吃饭"的现状。

二、现代农业生产体系的构成

（一）现代化的生产要素

农业生产要素是指为生产各类农产品而必须投入的基本要素，在构建现代农业生产体系中起着先决条件的作用。

1. 土地与水资源

这些资源是自然资源的主要组成部分，也构成了农业生产的自然环境条件。农业高度依赖自然资源，资源的优劣直接影响着农业的发展。因此，在保护可利用自然资源的同时，应利用现代科技手段提高资源的有效利用率。

2. 劳动力

这一概念涵盖了农业劳动力的规模和素质两个方面。劳动力的规模指的是从事农业劳动的人数；而素质涉及身体力量、技术熟练度以及科学、文化程度等因素。由于现代农业具有规范化和流程化的特点，其生产过程必须依赖专业人员。只有接受过专门培训的人员才能满足生产要求，生产出优质、环保的农产品。因此，在构建现代农业生产体系时，必须解决好"谁来种地"的问题，积极培育新型农业经营者。

3. 农业资本

在商品经济体制下，农业资本表现为农业生产和销售过程中渗透的物质资源和劳动力的货币表达形式，同时也是农业生产单位在市场经济环境下获取各种生产要素的必备手段。

4. 农业科学技术

农业科技涵盖了对农业领域发展规律的全面认识以及在生产活动中的实践成果。科技是推动现代农业变革的重要驱动力，无论在何时何地，都具有关键性地位。推进农业科技发展有助于提高农产品附加值，降低农业成本，建立高效的农产品流通渠道。

（二）科技化的生产手段

现代化的农业生产手段涵盖了创新性设施、装备以及技术的应用，旨在改进和升级传统农业模式，构建现代农业生产体系。

这种现代化生产手段的核心目标在于解决农业生产效率低下的问题。具体而言，它通过完善生产环境、基础设施和现代化的物资设备的支持，整合并高效运用各类现代化投入因素，如高标准农田、灌溉系统、有机肥料、优良品种及农业机械等资源，以提高农业产量和效益。

确保物质技术装备的强大支持尤为关键，这不仅可以充分利用现代物质装备农业，也是构建现代农业生产体系所不可或缺的。现代农业生产体系依赖于尖端的技术手段和科技创新，应积极运用现代科技转变农业生产方式，全方位提升自主创新能力，推进现代种子研发和种子产业发展，提升科技成果的转换与应用水平，助力农业机械化向更高层次迈进，推动互联网与农业的深度结合。

期待在农业生物技术、信息技术、新型材料技术、先进制造技术以及精确农业技术等领域取得重大自主创新成果，改良农产品质量、降低生产成本，满足市场对农产品质量、种类、环保、健康以及标准化的要求，从而占据现代农业科技的制高点，使科技化农业生产方式成为现代农业生产体系的引擎。

（三）规模化的生产方式

当代农业以大规模的集约化生产为主导趋势。这一模式不仅显著拓展了生产规模，同时也提升了农业的科技含量和生产效率。相较于传统农业，现代农业呈现出更为精细的管理方式和更强的抗风险能力，同时产品质量更高、种类更加多样化，并且呈现出清晰的地域分工。特别是在最近一次实施农村土地制度改革之后，我国确立了农村土地所有权、承包权、经营权的"三权分置"制度以及经营权流转机制。通过诸如土地流程、联合种植等策略，有助于打破农村土地零散化现象，提高生产效率。

此外，传播机械操作技能，如使用播种机、插秧机以及收割机等，促进科技研发，扩展新品种及先进农机的应用范围，支持设施农业的发展，提高农田的灌溉水利用效率，推动农业区域特色产业的形成，助力品牌建设和热点销售，整合各环节的运作——从生产、加工、物流到销售，都能实现农业的全方位产业化发展。

通过提升农作物品种质量、增加种植面积、优化资源配置以及调整要素组合等手段，努力达到农业生产的现代化。

第二节　农业设施化与机械化

一、农田水利建设与节水灌溉

在 2011 年中央 1 号文件《中共中央 国务院关于加快水利改革发展的决定》中，明确指出，水不仅是生命之源，也是生产的关键，同时还是生态系统的基石。水的重要性在于其对人类生存、经济发展以及社会进步具有不可或缺的作用，因此，水利建设成为国家治理的重要事项。为了促进经济的长期稳健增长和社会的和谐稳定，全面建成小康社会，我国急需加大水利事业的投入，提高水利资源的支持、保障力度，实现水资源的可持续开发运用。

然而，近年频发的严重水旱灾害暴露出农田水利等基础设施存在的不足，因此，必须加大对水利工程的建设力度。在此过程中，应将水利视为国家基础设施的优先发展领域，重点关注农田水利的完善工作，实施严格的水资源管理制度，加强对水资源的保护和利用。特别要重视对薄弱环节的强化，积极推进民生水利，深入进行水利改革，建立节水型社会，以实现水利行业的可持续发展。我国需要在水利现代化道路上进行不断探索。

（一）农田水利建设的主要内容

1. 重点流域的河道治理与堤防构筑

针对淮河、黄河下游、长江中下游以及太湖、洞庭湖、鄱阳湖等重点流域，实施综合治理措施，包括河道治理和堤防建设，以建立防洪控制性水利枢纽为重点，显著提升洪水调蓄能力。

2. 水资源调配的合理优化

在水资源配置方面，强调生态保护原则，开展骨干水源建设及河湖水系贯通工程，旨在提高我国水资源调配及供水量调节的整体水准。特别关注西北地区的资源性缺水难题，通过技术手段和管理措施，实现对该地区水资源的合理利用与保护。

3. 水土保持与水生态系统维护

为防止水土流失，拟实施一系列措施，包括小型流域综合整治、淤地坝建设、坡耕地整修、植被种植和生态恢复等。重点关注生态敏感区及其污染物治理，加强对重要生态保护区、水源涵养区、江河流域源头以及湿地的保护工作。通过这些举措，可有效改善水生态环境，维护水资源的可持续利用，促进生态系统的恢复。

4. 水能资源的合理开发

在保障生态和农民权益的前提下，加快水库电站及其配套电网的更新换代，发展农村水电，建设小水电代燃料生态保护工程，促进新农村电气化的发展。

5. 水文气象与水利科技发展

为推动水文气象及水利科技的发展，首先要加大基础设施建设的投入，特别是完善重点地区以及关键都市的水资源管理系统。地下水超采区域要强化水文监测效能，构建更具灵活性的快速监测机制。建立水文信息共享平台是一个重要任务，可以全面提升整体服务质量，实现信息资源的充分共享和合理利用。

同时，也要加大水利科技创新的催化力量，进一步改善基础平台构造，加大基础科研和技术研发的投入力度；持续推广先进技术，促进科技与实践的紧密结合，为水文气象及水利领域的创新发展提供坚实的支撑。

（二）节约高效用水，保障农业用水安全

1. 制定并落实水资源红线政策

为应对水资源紧张局面，确保农业用水的可持续发展，必须建立并贯彻执行严格的水资源保护政策。包括设定水资源利用刚性红线，规定到 2020 年和 2030 年，全国农业灌溉用水总量应分别稳定在 3 720 亿立方米和 3 730 亿立方米。同时，设立用水效率指标红线。此外，加强对过量开采地下水及违规利用地表水问题的治理，适度缩减灌溉土地面积，以确保水资源的合理利用和科学管理。

2. 大力推进高效节水灌溉措施

针对不同地区的水资源特点和农业需求，倡导精准节水灌溉，快速建立现代农业提效用水体系。预计 2020—2030 年我国农田有效灌溉率在 55％～57％，而节水灌溉率有望增长至 64％～75％。具体而言，应根据实际情况采取符合国情的节水农业战略，重点投入粮食主产区、干旱地区以及生态环境脆弱地区，逐步更新灌溉用水计量装置等设备。同时，优化现有大型灌区骨干工程，扩展小型田间渠道，确保大中型水库与田间灌溉网络之间的无缝连接，以提升农业抵御干旱的能力和综合生产力。此外，通过农业科技研究、新型耕作方法的开发以及种植结构的调整，推广抗旱品种，既能提高农作物产量，又能增加经济效益，从而实现农业用水的高效利用。

3. 积极发展雨养农业

在半干旱、半湿润偏旱区设立地膜覆盖技术设施，推进粮豆轮作、带状种植，实现种养结合。优化农产品种植结构，改良耕作制度，扩种高品质的耐旱作物，严格控制高耗水农作物的规模，并提倡种植耗水量低、经济价值高的农作物。同时，针对土壤流失情况，扩大农田的保护性耕作面积。

二、高标准农田建设及其主要内容

高标准农田作为现代农业生产的基础资源，要求具备完善的自然要素、设施条件，并能够有效抵御自然灾害，以满足现代农业的生产需求。目前，高标准农田已被纳入国家重要战略规划，并在国家市场监督管理总局、国家标准化管理委员会的指导下，制定了执行纲要——《高标准农田建设通则》（GB/T 30600—2022），该通则对高标准农田建设的标准和相关要求做出了

全面的规定。

(一) 土地平整

该环节旨在改善土地表面的高低起伏状态，便于种植和排水。具体措施包括田块平整和耕作层保持，以维持土地的肥力和稳定性。

(二) 土壤改良与施肥

通过工程技术手段改善土壤的理化性质，以提高土壤的肥力水平和养分平衡。采用的方法包括节水农业、土壤酸化防治和盐碱土地治理等，遵循《高标准农田建设标准》（NY/T2148—2012）。

(三) 灌溉与排水

修建各类水利工程，以应对干旱、洪涝、渍害和盐碱等自然灾害。具体工程包括水源工程、输水工程、喷灌工程、排水工程、渠系建筑物工程和泵站工程等。

(四) 田间道路

修建田间道路以满足农用物资输送、耕作和其他农事活动的需要。主要包括田间道路（机耕路）和生产路，构建整个田间道路网络。

(五) 农田防护与生态环境保护

涉及农田林网工程、岸坡防护工程、沟道治理工程和坡面防护工程等项目，旨在保护农田用地安全、维护生态环境，减少或避免自然灾害和污染。

(六) 农田输配电

建设输电线路和变配电设施，以确保农业设备正常运转和计算机网络畅通无阻。

三、农业机械化及其发展重点

农业机械化的首要目标在于解决当前中高端农机产品供应短缺的问题，着眼于实现高效节能、环保的"两高一低"农机产品的发展，并以提升农机产品多样性为主导方向，增强农机在信息捕捉、智能化决策和精确操作三方面的能力。

(一) 新型高效拖拉机

将致力于攻克多项关键技术，包括低油耗、低排放、低噪声的发动机设计、清洁燃料及新能源农用动力研究、动力换挡及全自动换挡手段，以及自动化导航作业等。同时，积极研发各种类型的拖拉机，包括重型动力换挡、无级变速拖拉机，以及应对各类地形和耕作条件的胶轮式、中型功率智能操控拖拉机和专用拖拉机等。

（二）播种移栽机械

将专注于研发高速精准排种、精密播深调控、种肥远距离输送、高效育秧播种、健壮苗识别等多种顶级关键技术，以满足广大农民对小麦、大豆、马铃薯、花生等主要作物的精量播种需求。同时，还要开发适合水稻、甘薯等作物的移栽机械，以满足不同种植模式和农艺要求的高效栽种技术装备需求。

（三）精量植保机械

将重点研发病虫草害的快速识别及数据即时传输处理等核心技术，并以此为基础建立变量喷雾控制体系，加速高地隙自走底盘—土壤—植物—机器系统的适应能力建设进程。同时，还要努力开发基于作物信息反馈、3S技术导航控制下的精准施药装备，实现基于作业速度的自动调节喷量的施药技术。

（四）高效能收获机械

全力打造面向主粮作物、经济作物多元化的收获设备，其中包括支持籽粒直收和茎穗兼收的玉米联合收割机，实现高速、智能、区域适应性的大型棉花采收机等。目标是实现粮棉油糖收获装备的大型化、智能化、高效化，并逐步投放市场。

（五）种子加工及繁殖机械

本领域致力于解决种子加工与繁殖过程中的关键问题，如精细挑选、计量包装、活跃程度评估、DNA高速提取和无瑕疵检验等，通过研制大型规模的种子加工复合设备，包括种子去除湿气、精细分类筛选、种子超声波处理、种子涂层包装以及种子安全保存等模块化技术和机械设备，提升我国种子加工设备的应用技术水平。同时，加强智能化控制、自动供给种子、种子锥体分配方式、种盘自洁、精确种植行距与剂量、种子直接收集、空气风力自动清洁等关键技术的创新，推出多款种子繁殖系列产品，助力我国种子繁殖的现代化和智能化发展。

（六）烘干机械

该领域专注于水分检测、真空低温干燥、凝聚风轴式双效干燥、红外线—真空复合干燥、太阳能谷物干燥等尖端技术的研究，以提高谷类产品与特色农产品烘干过程的精确性和效率。通过深度研发满足市场需求的高性能、多样化燃料烘干组合和智能型烘干机，提升粮食与特色农产品烘干的生产效率与质量。

（七）畜牧业机械

致力于全流程的青贮玉米、甜高粱等种植、收集、制造、存储技术和设备的开发。推广苜蓿、燕麦等高产能牧草精准播种设备，研发饲草料加工技术、畜禽生产自动化技术与设备，开发用于沙化草地的相关机械设备，如防虫灭鼠、治理土壤污染和防治牧草病虫害的设备。

（八）渔业机械

重点研发水产养殖环境智能化调控与设备维护的关键技术，如养鱼设施养殖调水、精确喂养、机械化管理集成系统设备，逐步实现深远海洋浮式养殖平台、设施及系统装备的全面建设，研发筏式养鱼工程化设备及机械化作业装备。突破大型捕捞设备电液一体化控制与渔船节能安全的技术难题，研发大洋型作业渔船和节能环保型捕鱼船。

（九）农业机械初级加工领域

该领域专注于高品质粮食、新鲜蔬菜水果以及其他优质农产品的加工工艺。重点研发节能烘干、高效筛选、精密分级以及现代化包装等核心技术，以满足食用菌、中药材、茶叶等有特殊需求的农产品加工需求。致力于开发家居环境下禽肉类自动切割、鸡蛋清洗处理以及水产类自动化生产和配送系统。

（十）田间管理机械领域

该领域主要推动高标农田建设、保护黑土资源、改善中等偏下和盐碱地，扩大流转土地规模和增强土壤肥力方面的工程技术应用。重点攻克土壤采样、深度深松、耕作层剥离等关键技术，提升激光平整度、深松、开沟铺管、标准筑埂等设备的技术水平。

（十一）山地丘陵地区农业机械

该领域关注轻便且高效的动力技术、解决山地物资运输难题的技术以及提升小型履带多功能底盘的爬坡与稳定效果的技术。研发适合在丘陵地区广泛种植的各类粮食及经济作物的农业机械工具，并选配更加便捷化、小型化的设施设备。

（十二）节水灌溉与水肥一体化设备

该领域聚焦于大型排水用泵的抗气蚀、磨损方面的研究，研发先进的全程为阻塞低流量、精确控制喷滴灌技术的装备。推进智能化控制和节水灌溉技术装备有机融合，研究区域性的节水农业技术模式和科技体系，提高水肥一体化设备的适应能力，打造低能耗精准喷灌模式。

第三节　农业科技化与信息化

一、农业科技创新与推广

农业科技水准被视为评估农业现代化的关键指标之一。我国拥有庞大的农业科研体系，据农业农村部统计 2023 年农业科技进步对整体产出贡献率达到了 63.2%。当前，国家农业战略正在逐步转变传统模式，注重质量效益，同时考虑到竞争力和可持续发展要求。全球科技革命正在迅速发展，生物技术、信息技术等领域已经全面进入市场，如果不积极跟进发展，将会失去竞争优势。农业领域的国际竞争实质上是科技竞争，科技实力将决定未来农产品市场份额和农业发展方向。为推动农业现代化进程、实现乡村全面振兴和提高农民综合素质，必须大力实施农业科技创新战略，引领农业供给侧结构性改革。这一战略旨在增强我国农业科技的整体实力，提升国际竞争力，从而激发并培养农业与农村发展的新动能。

（一）农业科技的基本功能

（1）增加农作物产量，改良农产品质量，确保关键农产品稳定供应。农业的首要职责是满足人民的粮食与关键工业原料需求。而农业供给状况取决于技术的优劣。为提升农业现代化水平，应加强农业科技研究、教育及宣传推广工作，推动技术进步，确保关键农产品的稳定供应。

（2）提升农业经济效益，增加农业从业者收入。核心在于提高科技对农业增长的贡献率。农业经营的长期性需要稳定的农业从业者。而当前农业效益不如其他行业，应努力提高农业效益，以稳定或提升农民经济收益。要提高农业效益，关键在于提高生产要素的报酬率，也就是农业科技的贡献率。

（3）提升农产品竞争力。如今国际的竞争本质上是科技竞争，谁掌握了更加尖端的技术，谁就在发展中占据上风。面对激烈的全球市场，我们应通过降低生产成本，提高产品质量，深化农产品加工，提高附加值等措施，参与国际竞争。

（4）减轻资源短缺压力，保护生态环境。中国农业资源总量有限，城市化、工业化速度过快，势必会挤压农业资源。在人口增长的压力下，要同时保证农产品供应，应对农业资源减少局面，只能依赖于国家通过政策手段保护、改善农业环境，实现农业的可持续发展。关键在于科技的发展，也就是新一轮的农业科技革命。

（二）农业科技创新的重点

根据《"十四五"国家科技创新规划》，为实现农业现代化、保障粮食安全及增加农民收入，该规划明确实施了"藏粮于地、藏粮于技"的战略。其中包括民族种业开发、基于动物—植物基因组学的育种技术以及栽培改良技术等方面的科技创新，旨在培育具有自主产权的优良品种，推广耕地质量改良与土地整治技术，以确保国家的粮食安全。此外，重点关注农业高新技术产业，如农业生物制造、农业智能生产、智能农机装备和设施农业等关键技术和产品的开发，旨在推动农业产业升级。为此，将探索一系列节约用水、循环农业和农业污染防治的技术，改变农业的发展模式，全力实现农业的绿色发展。

1. 生物育种研发

针对农作物、牲畜、水产和林业展开育种研发，旨在攻克种质资源挖掘、工程化育种和新品种创制等关键核心技术，培育出高效、优质、多抗且适应性广泛的全新动植物品种。

2. 粮食丰产增效

在东北、黄淮海、长江中下游三大平原全力开展稻米、小麦、玉米等三大作物的技术研究和集成化试验，旨在进一步提高产量、减少损失、增强肥水使用效率、提高光照温度资源的利用效率以及整体生产效率，目标为产量提高 5%～20%。

3. 主要经济作物优质高产与产业提质增效

集中加强对大规模种植的果树、花卉、茶叶、木本（草本）油料、热带经济作物及特色经济植物的研究，通过优质原料的筛选、改善加工过程并开发新产品，推广一系列高效、简化的种植技术，以提升我国农产品的多样化和农业的安全性。

4. 海洋农业（蓝色粮仓）与淡水渔业科技创新

致力于研究开发种质资源，选育新品系，探索海洋与淡水生态养殖技术，加大可持续捕捞与新资源开发的力度，提高精细加工水平，保护渔业环境，实现陆海和谐统一、产业有机融合的目标。

5. 畜禽安全高效养殖与草牧业健康发展

坚持安全、环保、高效的原则，深入研究动物疫病预防、畜禽养殖环保控制技术、生产设备、养殖废料无害化处理及资源化利用、饲料工业、草食畜牧业以及相关产业链提质增效等重要技术，为我国养殖行业的转型升级提供有力的理论和技术支持。

6. 林业资源培育与高效利用

集中研究速生用材林、珍贵用材林、经济林等类别的高效培育及绿色增值加工等核心技术，同时推广林业全产业链增值增效技术的集成与实践，树立产业集群发展新典范。预计林业资源利用率将提高 20%，主要林产品在国际市场的竞争中更具优势。

7. 农业面源和重金属污染农田综合防治与修复

通过突破氮磷、有害化学物质、生物、重金属及农林有机废物等污染机理解析、防治修复方面重大关键技术及标准规范化、产品产业化等问题，实质性提升技术产品和装备的水平。

8. 农林资源环境持续发展利用

将努力争取在肥料减施、水土资源高效利用、生态修复、农林防灾减灾等关键技术上获得突破，大力推动农作物病虫害防控技术研究，提升农作物病虫害综合防控效果，积极构建资源高效、生态稳定、产地环境优良、产品质量安全的农业发展格局。

9. 盐碱地等低产田改良增效

以高效调控盐碱地水盐流动、土壤盐分清洗排放、微咸水利用、耐盐碱作物新品种选育及替代种植、水分管理等策略为主导研究方向，创新研发新型高效盐碱地改良剂、有机生物肥等高科技产品和材料；同时研发全新的盐碱地治理设备，运用示范基地取得成效的技术成果。

10. 农业生物制造

重点研究生物农药、生物肥料、生物饲料等，关注其作用原理、目标设计、合成生物学、病原体作用机制、养分可控释放机制等问题，致力于研发高科技农业生物制品如基因工程、疫苗与分子诊断技术、生物农药、生物肥料、除草剂、植物生长调节剂、生物能源、生物基材等，旨在实现产业化应用。

11. 农业机器及设备领域

致力于攻克决策监控、高级作业装置开发及制造等核心环节技术问题；研发具有高效环保特性的农林业动力设备，以及适应多种作业需求并配备定位功能的变量作业工具；提升设施种植和健康养殖精细化程度、农产品产地加工能力以及森林防护能力。通过这些努力，助力构建一个高度自动化、智能化的农业技术体系。

12. 有机废物的资源化利用

针对农林业废弃物如秸秆、畜禽粪便、林业剩余物等的处理和利用开展深入探索；对新型生物质能源（如能源植物、微藻等）进行有效开发。旨在推动有机肥料生产，提高生物质利用率，力争农作物秸秆、畜禽粪便、林业剩余物等资源利用率达到80％以上。

13. 智慧型农业建设

专注于农林动植物生命特征获取、分析和可视展示的研究；实现主要作业流程精确执行的数字化控制；创建满足现代化耕种、饲养和畜牧水产养殖规模化要求的信息化操作系统；为整个农业生产、农民生活和农村管理提供全方位的信息咨询和服务。

14. 高效设施农业创新

致力于突破设施光热动力学机制、环境与生物互动机制等基础理论；攻克设施简装化装配、全程机械化作业、智能化环境控制以及水肥管理一体化等关键技术难题；开发温室节能蓄能、光伏利用、智能空中农场等先进技术及装备，促进设施农业技术及产业实现跨越式进步。

（三）农业技术推广体系

农业技术推广体系是一个涵盖众多组织机构和实施办法的系统，其主要职责在于为农业生产活动提供全方位的技术支持及服务。作为科研与生产系统的连接枢纽，农业技术推广体系是实现农业科技成果向实际生产应用转化的核心环节，被视为科研成果走向田间地头的"最后一公里"。我国农业技术推广体系对于优化农业创新成果转化路径、为农业科技进步提供坚实基础和组织保障，是现行农业支持保护系统的核心构成之一。自 2012 年中央 1 号文件倡导全面提升农技推广服务能力后，我国农技推广服务体系逐步得到加强，服务能力显著增强。

各国的农业技术推广体系因国情差异而有所不同。例如，美国采取集教学、科研、推广于一体的综合推广体系，并由各州立农学院统一进行领导与管理；而我国则以政府为主导，地方各级农业行政部门负责具体操作。随着社会主义市场经济体制的确立，我国农业推广体系正逐步朝多元化方向转型。鉴于我国无法照搬欧美大型农场式经营模式，农业推广体系积极探索适合小规模家庭经营的创新路径，以解决在有限土地资源条件下如何满足亿万人民生活需求问题。政府在推动农业科技转化和推广过程中扮演的主导角色至关重要。其目标是将科技成果打造成为受到公众认可的产品，以便为广大农业从业者提供便利，同时扩大供需市场。企业、研发机构和合作社在农业科技宣传和服务方面应发挥核心作用。通过政府搭建的沟通桥梁，农民能够便捷获取所需的农业科技支持，从而加速农业现代化进程。

"一主多元"农业推广体制基于中央、省级、市级、县级和乡村五个层次的农业技术推广网络。该体制全面整合了各种主体，包括农业学校、研究中心、农民专业合作组织、专业技术协会以及相关行业协会等，使其成为一个多元参与的推广体系。这一体系立足于社会主义市场经济体制，集合了各具特色且相互关联的多个社会主体。虽然各方主体角色分工各有千秋，但彼此间联系紧密，互为补充，形成一个独特且完整的体系。我国农业推广体系的改革历程由"单一主导"转向目前的"一主多元"，依据科学发展观合理调整各种社会主体，推行政府一元化调控、多人协同合作、优势互补、公平竞争原则，实现农业科技服务的全面提升，推进现代农业的稳步发展。

二、农业信息化的主要应用领域

农业信息化涵盖了将现代化信息技术广泛融入农业各个领域的实践，具体包括农业生产、贸易、消费、乡村社会、经济和科技等产业环节。

（一）农业生产信息化

农业生产信息化体现在引入现代化信息设备方面。这些设备包括物联网、大数据处理技术、地理信息系统和智能设备，用以提升农业生产环节的智能化水平，涉及精确调节农作物种植、畜牧饲养、渔业生产以及农产品深加工等多个方面。

1. 大田种植业信息技术应用

大田种植业信息技术应用着重于实施"天地人机"一体的大田物联网监控体系，并推动精细农业的发展。例如，在大宗粮食品种规模化生产地区和特色经济作物规模化耕种区域，采用水稻智能催芽、测土配方施肥、水肥一体化精确灌溉、航空施药以及大型植保器械等先进技术和设备。同时，利用遥感技术监测土壤情况、植物生长态势、自然灾害、病虫害、轮作休耕情况以及主要农产品产量。此外，基于北斗系统的深松监控、自动测量和远程调度等农机物联网应用也受到重视。种子种植、售卖及流动性追踪机制的进一步健全，涉及对种子进行基因鉴别以及实施标签编码与代理销售商备案等措施。这些措施不仅加强了种业在信息采集与分析方面的实力，还有助于确保种子的质量安全，进而提升农业生产的可持续发展水平。

2. 设施农业信息技术应用

在设施农业方面，重点是温室环境监测、智能控制技术及设备的广泛应用，特别是水肥一体化智能灌溉系统的推广。开发和应用各类温室作物生长知识模型、阈值数据及知识库系统，不断优化作物生产调控策略。目前，智能植物工厂种植理念以及相关科技设备，如蔬菜水果分级鉴别装置、花果菜自动采摘机器人、嫁接机器人，尚处于试验开发阶段。然而，这些技术设备具备巨大的应用潜力与推广价值，一旦完善并投入实际应用，将极大地提升农业生产的效率和品质，推动农业现代化进程。

3. 畜牧业信息科技应用

针对猪、牛、鸡等主要家畜的大规模农场，将加大对以下几个方面的投入：养殖环境实时监控，畜禽状态监测，精确饲养，废弃物自动处理，智能养殖机械装置，网络联合培育系统，挤奶与捡蛋器械以及病死畜禽无公害处理设施等一系列信息技术和设备。此外，还会利用二维码及射频识别技术，建立畜禽全生命周期质量安全管控系统，加强动物疫情监测及预警，提高重大动物疾病防治能力。

4. 渔业信息科技应用

渔业物联网的实验性应用将进一步被推广至重要水产养殖地区。例如水体环境实时监控，饵料自动精确定位投放，水产类病害预告，循环水设备调控，网箱升降操作等信息技术与设备。陆基厂、网箱和工程化池塘都将得到全面的信息技术照顾。远洋养殖领域的平台研发与应用也是重点。要努力推动水产养殖设备工程化，技术精确化，生产集中化和管理智能化。渔业生产中的北斗导航技术将得到大力推行，如在渔船监测调度和远洋捕捞中使用。为了确保渔业安全，还要改进渔业通信基站，完善全国海洋渔船渔港动态监控管理系统，升级改造渔政调配信息平台。

5. 农产品加工业信息技术应用

计划进一步丰富农产品初加工场所补贴政策管理信息系统。为了更好地了解农产品产地贮存与加工状况，主张建立粮食烘干、果蔬储存和采后商品化处理等初加工设施的大数据平台。农产品加工企业的信息化建设也会受到支持，智造将成为它们发展的动力。利用自动化设备进行分拣、加工、包装和码垛的机器人，智能报警的安全生产风险控制系统，以及通过大数据精确生产和精准营销的技术都会被广泛采纳。期待能尽快建立起一个完整的，从原材料采购到最终产品配送的全流程质量安全跟踪体系。

（二）农业农村电子商务

（1）全面推进农业农村电子商务发展，将提高农村消费与增加农民收益有机结合，构建农产品及其加工制品、手工艺品上行和消费品、农资产品下行两条通道，扩大电商应用范畴。协同商务、扶贫及其他相关职能部门，加大政企协作力度，全力推进农产品尤其是新鲜农产品的电商销售，对贫困区域借助电商进行特色农业生产给予重视和扶持。推动农业生产资料电子商务的建设，旨在提供精准高效的服务，为农业生产者提供更便捷的渠道和更丰富的选择。创新性地将乡村旅游与电商相结合，有望为农村经济发展开辟新的突破口，通过农村旅游吸引游客，同时提供农产品线上销售服务，促进当地农业产业发展。此外，全力提升线上农业展览及贸易的效能，将有助于拓展农产品市场，提高农产品的知名度和竞争力，进一步推动农业现代化和数字化发展。

（2）全力消除农业电子商务发展过程中的各类障碍，需着重加强农产品从生产到销售链条中的各个环节。这包括但不限于产地预冷、集装、质量鉴定、分级处理、品质保障、包装和储存等基础设施建设的提升。特别是在鲜活农产品领域，应当持续加大力度，确保产品在销售过程中的新鲜度和品质。同时，积极推进农产品电子商务标准化体系的建立与完善，以提高交易的透明度和规范性，增强消费者对产品的信任感，促进市场的健康发展。巩固疾病防控和安全监管体系，建立全国性的农产品质量安全监管追溯机制，提升信息化监管水平和能力。加强电子商务领域信息统计和监测，推动企业和监管部门实现数据共享。尝试规模化地开展农产品、农业生产资料和乡村旅游的示范探索，开发多样并具有广泛推广价值的发展模式。

（3）培养农业农村电子商务的主力军。提倡针对新型农业经营主体的教育和训练，鼓励设立多样化的培训机构，例如电商大学，通过培训，提升经营者在电子商务方面的应用技巧。通过农牧业部门的统筹协调，组织开展电商产销活动，推动农产品在网络上的销售。鼓励综合性电商企业进军农业农村市场，积极支持垂直型电商、乡村电商等电商类型的成长和壮大，鼓励企业提供农产品的电商出口，助力更优质的农产品参与国际贸易。大力推动农产品批发市场进行电子化交易及结算，激励新型农业经营主体使用先进的信息管理系统等。

（三）农业政务信息化

1. 构筑政务信息资源共享开放平台

深度构建完备的政务信息资源基准体系，全方位实施高质量、高效率且集中的数据采集工作。积极促进各类业务资源、网络资源、地理空间信息、遥感影像数据的有机融合，最终形成一份统揽全局的农业政务信息资源蓝图。制定详尽的农业政务信息资源共享管理制度以及数据共享开放列表，同时筹建全年无休的政务信息资源共享开放服务平台。有计划地推进省部级农业数据中心的云端化升级改造，以提高计算资源、存储资源及应用支撑平台等的使用价值。致力于形成农业政务信息资源的跨部门、跨地域共享合作机制，有序推动数据资源对公众的开放，逐步实现农业农村历史资料数字化、数据收集自动化、数据利用智能化以及数据分享便捷化的美好愿景。

2. 加速农业农村大数据布局

大力推动农业农村大数据发展进程，强化村、县级数据采集、传输、共享基础设施建设，逐步打造完善的农业农村数据采集、处理、应用、服务体系，力求实现农业资源要素数据的有效汇聚和利用。紧扣时事形势，加速完善农业数据监测、分析、发布、服务机制，设立明确的农业数据标准化体系，优化提升农业数据信息对宏观管理、市场引导、生产指导的综合辅助作用。全力促进各地区、各行业、各领域涉农数据资源的开放共享，深度探索数据资源的深度挖掘与运用渠道。

3. 深入推进农业政务重点信息系统广泛应用

打造智能化视觉综合政务管理（应急指挥）平台，并进一步强化全国农业视频会议体系，以确保满足政务综合管理、日常监督、应急处理以及决策指挥等方面的需求。在严格保密和安全性的前提下，加速开发移动办公平台，全面构建与农业行业统计监测、监管评估、信息管理、预警防控、指挥调度、行政审批、行政执法等相关的电子政务业务系统，从而有力地提升农业行政管理的效率。此外，要建立高效、集成且统一的农业门户网站与新媒体平台、"三农"舆情监测系统以及"三农"综合信息服务系统，以期有效提升对外宣传、舆论引导以及政务服务的能力。构筑农业电子政务一体化的运维管理体系，实现运维管理从被动变为主动、安全稳定地运行以及持续可靠的服务。

4. 加强网络安全保障能力

（1）加速构建农业农村系统关键信息基础设施安全保障体系，完善网络和信息安全保障规章制度，确立信息安全通报机制，推广信息系统和网络接口整合。

（2）加强信息系统保护定级，并对其进行合理化的测试与整改，强化重要信息系统和数据资源的安全保护措施。

（3）实行数据资源分级分类管理，旨在提高网络信息安全保障能力，促进数据资源的安全、高效且可信赖地应用。为了强化网络信息安全设备和安全产品的配置，将持续完善针对身份识别、访问控制、安全审计、边界防护以及信息流转控制等方面的安全防护手段，同时建设涉及信任服务、安全管理以及运行监控等的系统。

（4）要加强网络安全防御能力，全天候全方位监测网络安全态势，确保网络环境安全以及网络秩序良好，坚决杜绝重大网络安全事件的发生。

（四）农业农村信息服务

1. 推进信息进村入户

这一举措被认为是现代农业发展的重要基础工程之一，旨在实现"互联网＋"在农村的全面运用，加速益农信息在全社会的覆盖。已经着手构建信息进村入户的组织框架，致力于完善由国务院主管部门协调、省级整合资源、县级运营维护、村户为主体的推进模式。加强规范化建设，制定相应的实施规则与标准机制，并将信息进村入户的工作成效纳入地方党委政府的绩效考核中。正在研究设立政府补贴措施，制定相关的政府购买服务政策，促使电信运营商、电商、IT 企业乃至金融机构等多方参与，推动市场化运营机制的有效开展。着重强调公益性服务，协同推进经营性服务的发展，继续完善以"三农信息咨询热线""12316"为核心的服务体系，丰富便民设施，推动电子商务的迅速成长，巩固体验式服务效果。国家级信息进村入户平台及其家庭版、村社版等移动终端应用系统正处于上线阶段，以支持各省（自治区、直辖市）建立地区性的数据平台。为了加强农业农村大数据的建设，强化了益农信息的数据收集功能，还将大力整合涉农信息资源，协调并推动诸如村务公开、社会治理、医疗保险、文化教育和金融服务等各个领域的信息化建设及运用。

2. 提高农民的信息化应用技能

将针对农业新型经营主体、新型服务主体、高素质农民以及农业部门在职员工，开展农业物联网、电子商务等方面的信息化应用培训活动，以提升他们的技术水平、营商才能和信息素养。将加强对高素质农民培养过程中的信息化建设，为他们提供在线教育培训、生产运营支持、在线管理考核等全方位服务。同时，加速提升农业技能开发工作的信息化水平，以提高工作效率。对于各级农业农村部门现有的培训项目、资源和体系，将积极号召企业、行业协会等社会力量参与，广泛开展农民手机应用技能培训。此外，将组织农民手机使用技能竞赛，推广各种农民适用的 App 应用程序和移动终端，为广大农民和新业态经营主体创建工业生产、技能提升、学习交流的共赢平台和工具。要强化农技推广服务的信息化，开展农技人员的专业化培训，实现科研专家、农技工作者、农民之间的网络互通，有效提升农技人员的素质，为农民提供更加精确、实时的技术指导服务。

3. 推进农业信息社会化服务体系站点构建

本项工作旨在激励农业专业服务组织实施信息化工程，支持科研机构、行业组织、IT 业界领先者、农业产业化先锋以及农民合作社等公众力量开展生产性质的服务。借助先进的信息科技，优化农业种植、养殖、病虫害防治、农业机械操作以及农业综合服务等流程，同时推动共享经济模式的发展，优化产业结构。鼓励农民利用网络平台实现自主创业，参与辅助服务、物流配送等基础环节运营。通过"互联网＋"机制，探索新的农业金融、保险产品，提升信贷、保险对农业的支持力度。同时，致力于培育农业数据资源的开发与应用、农产品在线营销等新型信息产业形态，丰富农业资讯服务范畴。此外，强化现有农业博物馆的实物展览与数字化展示功能，充分展示库藏农业文物，提升数字化展览的实际效果。

第四节　农业标准化与农产品质量安全

一、农业标准化的内涵与重要意义

（一）农业标准化的内涵

农业标准化的概念最早可追溯至 1924 年，当时鲁道夫·斯蒂纳对有机农业进行了探索。而 20 世纪 60 年代，西方发达国家在食品安全领域广泛采用的 HACCP 系统也为农业标准化的发展提供了重要借鉴。然而，国内对农业标准化的定义尚未形成一致看法。从行为属性的不同角度看，农业标准化主要分为过程观和活动观两种。前者将其视为基于市场规律、遵循科学标准、应用适宜技术生产符合特定规格、品质和包装要求的农产品的过程；后者则强调农业领域内实现最优秩序、各利益团体共同商议制定并共享通用规则的活动体系。此外，一些学者认为，农业标准化不仅涉及生产阶段，还应包括后续的初级加工、储运、销售等多个环节的技术标准与操作规范，共同构成完整的农业标准化体系。从这个角度来看，农业标准化的核心在于遵循"统一、简化、协调、优选"四个基本原则。它对农业生产的各个环节进行审慎评估，采取制定和执行相应准则的方式，推动农业科技创新的广泛应用，确保农产品的质量和安全性。农业标准化还有助于促进农产品的流通，维护市场秩序的稳定，为农业生产提供科学指导，引导消费者的消费选择。综合而言，这一举措旨在实现农业产业的综合发展，是农业现代化进程中的重要一环。

（二）农业标准化的重要意义

随着全球经济一体化步伐的加速，欧美等发达国家纷纷实施农业标准化战略，以提高农产品品质为核心目标。这些国家的农业生产标准涵盖了全产业链，包括种植、加工、流通与销售等环节，形成了全方位的农业标准化体系。这一体系不仅确保了食品安全，还积极推动了现代化农业的转型升级。在国际贸易领域，发达国家借助技术专利标准化、标准全球化以及人才培养等手段构筑起了全方位的竞争优势，提升了其在国际市场中的地位。

1. 提升农产品质量

农业标准化在各个生产阶段的引入，有助于规范并监督生产过程，从而确保农产品的品质得到有效保障。首先，在选种环节，农业发展方向（如高品质）成为选种的主导因素，以优化品种品质，使产品结构更为合理。其次，在生产过程中，农民通过精细化管理追求质量，选用高效优质品种，依托科研成果提高产量，并规范使用化肥、农药，按照标准操作方式进行生产作业。最后，在农产品收获后，依据产后标准进行严格的存储、保鲜、加工等处理，以确保产品品质。通过执行统一的质量标准，农产品得以顺利进入各级市场，成为地方特色工业的基础原料，拥有更多的市场机遇，延长了产业链，拓展了新的销售渠道与路径。

2. 农业标准化助力农产品市场推广与品牌建设

农产品品牌的建设展现了一个地区农业综合实力，是高质、高端、优质农产品的代名词，也是农业标准化与产业化深入发展的必然结果。农业标准化通过严格的过程监控提升农产品品质，从产地选择到周边环境维护，从生产环节到投入品使用，甚至包括收获和后期管理，均制定了严格的标准。具体措施包括规范技术培训、产品检测、标志管理、建立生产档案等，以保证从农田到餐桌的全程质量把控，从而实现源头环境、综合整治、农田建设、生产技艺等方面的标准化。总之，农业标准化保障了农产品质量安全的实施，为打造优质农产品品牌提供了细致而实用的依据。

3. 农业标准化推动农产品国际贸易

随着贸易保护日益受限，国际贸易面临的技术性贸易壁垒（TBT）愈发突出。一些国家和地区对进口农产品在技术标准、标志认证以及卫生检疫方面设置了诸多限制。对于我国农产品而言，只有达到或超过这些标准（至少满足食品安全卫生规定），并与之对接，才有可能在国际市场中继续发展并具备议价能力。因此，要通过推行全面的标准化生产，控制生产全流程以保障农产品质量，凭借自身优势参与全球产业链分工，才能争取更广阔的国际市场份额。

二、农业标准化的主要内容

（一）农业标准体系的建立

农业标准体系的构建是确保农产品质量安全和提升农业生产效率的基础。该体系通常包含以下五大部分：

（1）生产资料与生产环境标准体系。重点关注基本物资和原料的品质，包括土壤、种子、农药、化肥等，以及生产环境的监管和维护，确保农业生产的基础条件达到标准要求。

（2）农业生产系统质量监管标准体系。严格审视生产过程的每一个环节，包括耕种、播种、施肥、灌溉、病虫害防治等，以确保农业生产过程的规范和高效。

（3）病虫害防治标准体系。全面防范外来有害因子对农作物的侵害，包括病虫害的监测、预防和治理措施，以保障农产品的安全和稳定生产。

（4）农产品质量检测认证标准体系。严格把控农产品的品质和安全，包括对农产品的外观、口感、营养成分、农药残留等方面进行检测和认证，确保符合国家和行业标准。

（5）农业服务标准体系。提供全程技术支持，包括种植技术培训、病虫害防治指导、农产品销售渠道拓展等，以保证农业生产各项工作顺畅进行。

在制定这些标准体系时，需要根据各种作物生产流程及特性进行归纳整理，演化为能充分展示作物特色的实施标准。这些标准既横向覆盖了各个子体系，又纵向贯穿整个农业标准体系，构成了农业标准化严密的总体构架。

（二）农业标准化体系与运作

农业标准化体系作为农业标准化的核心组成部分，为确保农产品质量安全和提升农业生产效率提供了重要支持。该体系的运作涉及多个方面，包括硬件支撑体系、专业团队的技术督导、实施能力以及良好的内部环境。

（1）硬件支撑体系。包括法律法规的制定、实施机制的完善以及严格的标准质量监控检测系统。这些措施旨在为农业标准化提供必要的制度保障和技术支持，确保标准的制定和执行能够顺利进行。

（2）专业团队的技术督导和实施能力。这需要明确的组织架构、畅通的工作流程以及具备专业技能的推广队伍。这些团队负责开展农业标准化的培训、指导和质量控制工作，特别注重向农民传授标准知识，并帮助他们提升技能水平。

（3）良好的内部环境。内部环境对农业标准化的推进也起着积极的促进作用。通过构建和谐的管理氛围，可以增强组织协调性和执行效率，推动任务的顺利完成。

（4）与发达国家相比，我国在农业标准化方面的发展仍存在一定的滞后性。尽管在实践中积累了丰富的经验，但尚未形成完备的理论体系。面对国际贸易的挑战，我国亟须加大农业标准化的建设力度，以适应农业发展和农产品出口的需要。

此外，全球范围内存在多个组织致力于农业标准化的探索和规范制定，如国际植物保护公约（IPPC）、国际橄榄油理事会（IOOC）和世界动物卫生组织（OIE）等。它们提出了许多农业标准化方面的相关标准和规则，如危害分析与关键控制点（HACCP）、良好农业规范（GAP）等。然而，我国的农业生产与国外农场模式存在差异，因此需要构建符合我国国情的农业标准化框架体系，以满足农户的实际需求，并兼顾地方和国家层面的宏观调控。

三、标准化农业生产基地

根据 2008 年中央 1 号文件《中共中央 国务院关于切实加强农业基础设施建设 进一步促进农业发展农民增收的若干意见》，我国正在积极推进创建优质果蔬标准园区，以及规范的畜禽养殖及水产健康养殖示范工程，以此全面提升农业发展的科技与物质支持水平。

（一）蔬菜标准园

为提高园艺产品质量安全水平并增强产业竞争力，农业部于 2009 年颁布了《全国蔬菜标准园创建工作方案》的相关规定（农办农〔2009〕121号），明确了其主要内容要求达到"五化"：

1. 规模化种植

大规模种植指的是设施蔬菜种植面积连片不少于 200 亩，露地蔬菜种植面积超过千亩，并配备符合标准的基础设施，包括水、电、道路等。

2. 标准化生产

规范化生产包括积极采用优质蔬菜种子、集中培育幼苗、应用防虫网、设置粘虫板以及采用振动式灭虫灯等先进的病虫害防治技术，旨在将农药使用量降至 30% 以下。此外，生产水平应全面符合农产品质量安全和级别区分的技术操作准则，以达到 100% 的标准化水准。在投入品管理、生产记录和产品检验等环节，应严格执行相关制度，确立长期有效的农产品质量安全管理机制。

3. 商品化处理

商品化处理重点发展自动化的蔬菜保鲜与运输技术，并对所有蔬菜制品进行商品化处理。有条件的生产基地可建立冷链设施，以确保整个生产、运输和销售环节的低温保鲜。

4. 品牌化销售

通过获得无公害、绿色、有机食品认证以及良好农业规范认证等措施，加强产品品牌建设，拓宽市场，提升经济效益。最终目标是实现 100% 的产品品牌化销售。

5. 产业化经营

产业化运营以农民专业合作社或大型龙头企业为主导，构建集成统一的种植模式，不再依赖小农个体的单打独斗方式。通过"六个统一"管理策略（统一选用种子、采购农药、标准、检测、标签以及销售），确保统一的病虫害防治、土壤营养成分的检测与调整、订单生产等各项措施的全面实施，覆盖率达到 100%。

（二）水果标准园

根据农业部印发的《全国标准果园创建活动工作方案》和《园艺作物标准园创建规范的通知》，全国已经启动了园艺作物标准园的创建工作。按要求，秉持集成技术、集约化项目以及集中投入等原则，在多个水果盛产地如苹果、柑橘、梨、葡萄、桃等每个品种均创建 8～25 个不等的标准果园，总共达到 300 个。每家果园都将推行无公害或绿色农产品的生产方式，实施专业化的统一防治策略，确保无公害果品符合标准，并进行洗果、打蜡及包装等商品化处理，实施品牌销售及产品订单制度。预期实现高档果率达到 95%，优质果率达到 80%。2012 年，为了进一步规范生产项目验收工作，农业部依据农办财发函（2011）181 号文件，制定并颁布了《菜篮子产品生产项目（园艺作物标准园创建项目）验收工作规范》。

（三）畜禽标准化规模养殖场（小区）

畜禽标准化规模养殖场（小区）是以大规模养殖为前提，注重标准化生产模式，严格遵循法律法规和行业标准，在选址、建造畜禽舍、完善生产设施、挑选优良品种、使用安全投入品、消毒防疫、粪污处理等环节。有着较好的示范效应，需要通过省级兽药主管单位的评审，并且得到农业部的认证。为了推动畜牧业朝着规范化、规模化方向发展，提高其标准生产水平，农业部依据农牧发（2010）6 号文件，推出并于 2011 年 3 月 10 日生效的《农业部畜禽标准化示范场管理办法（试行）》。

（四）水产健康养殖示范场

2013 年，《农业部关于开展渔业健康养殖示范县创建活动的通知》（农渔发〔2013〕32 号）的颁布标志着农业部开始了水产养殖场的标准化建设工作。到 2018 年，农业农村部针对全国范围内的水产健康养殖示范创建活动进行了总体部署与指导，并提出了需要关注并着重推动的三大方向：首先是依法兴渔，即严格遵守法律规定，强化养殖生产的规范管理；其次是绿色兴渔，将养殖生态环境的保护和改善作为重心；最后是质量兴渔，强调通过提升养殖产品质量来提高效益。具体而言，这包括以下几方面措施：

（1）强化养殖生产的规范管理，运用养殖水域滩涂规划制度，加强养殖证发放登记，维护养殖渔民生计权，使生产行为规范化。

（2）广泛推广绿色养殖技术，注重网箱粪污残饵的回收处理，推进养殖网箱网围布局景观化。

（3）积极采取措施，如采用生物净化手段，实现养殖尾水循环利用或者达标排放。此外，还要全面推广环保装置，提升以渔净水程度，树立一系列水产养殖绿色发展模范案例。

（4）推广免疫以及生态防治策略，从源头上控制水生动物疫病，倡导减少甚至禁止使用药品，推行集约化、智能化、生态化的生产方式，强化品牌效应，从而全方位提升生态、绿色、优质、安全水产品供应。这意味着，水产养殖不仅要有生产效率，更要保证产品品质以得到市场认可，从而提高养殖户的收益。

第五节　生态环境保护与绿色生产

一、控制农业用水总量

我国水资源匮乏，且遭受旱涝频发等自然灾害的影响，地区间水资源分布不均，使得各地农作物的生长和生产条件存在显著差异。尤其是在华北平原地区，农民面临着严重的缺水问题。尽管该地区农作物产量较高，但自然降水稀少，地表水资源难以有效再利用，因此农业生产主要依赖深层地下水的抽取，导致地下水超采问题日益突出。据报道，由于干旱等因素的影响，我国每年至少损失 0.7 亿～0.8 亿吨粮食，相当于总产量的十分之一。我国农业用水占据着全国总用水量的 70%，但其利用效率相对较低，水资源利用中的浪费现象相当严重。据统计，我国农业灌溉用水的有效利用率仅约为 40%，与发达国家相比存在显著差距。为了解决这一问题，国务院已经加大了力度，制定了将农田灌溉水有效利用系数提高至 0.55 的战略目标。切实减少农业用水需求势在必行。如果我们能够将农业灌溉水的利用率从目前的约 40% 提高到 70%，仅仅通过灌溉用水，每年就可以节约近 1 000 亿立方米的水资源，这相当于全国灌溉区年度用水需求缺口的 3 倍。全球各国均已认识到发展节水农业对缓解水资源危机的重要性。作为世界上最大的发展中国家，我国面临着极端的水资源短缺挑战，水资源危机已成为影响我国经济社会可持续发展的重要因素。因此，如何有效控制农业水消耗，已成为我国农业科学家面临的重要课题。

（1）实施品种节水策略。加快研发并推广适应干旱环境的优良品种，以提高水稻等作物的生产效率，确保农业丰收。

（2）进行种植结构调整。在面临水资源短缺的情况下，调整作物种植结构以减少水资源消耗，优先选择耗水量较低的作物，并积极推动雨养农业的发展。

（3）落实农艺节水措施。根据各地实际情况，推广水肥一体化等先进技术，实现水肥同步管理和高效利用。整合深耕深松、保护性耕作、秸秆还田等技术，以提升土壤蓄水能力。同时，开展新的退耕还林还草项目，对重金属污染的耕地、地下水超采区以及退耕还湿区域进行修复和治理，推进重要水源地生态清洁治理等水土保持重点工程。

（4）推动水利工程的节水进程。在此方面，首先需要优化农用排水网络，倡导采用管路导水技术，以提高水资源利用效率。同时，加快大型和中型灌区的设施改良和节水改造进度，有助于实现灌溉水资源的有效利用。推进新型农田水利设施建设，扩大农田的有效灌溉范围，进一步提高农业生产水平。

全面实施节水灌溉策略是关键之举。这包括采取大规模高效益的节水灌溉行动，以减少水资源的浪费。建立分区分片的节水农业试验基地，逐步改善农田的节水设施设备，是提升农业节水效果的重要途径。同时，推广适应干旱条件的抗旱植物品种，以及采用科技创新成果如雾喷、滴灌、水肥一体化、深耕与底部平整等技术手段，以降低水资源的损耗，提高灌溉效率，实现农业生产的可持续发展。

（5）健全节水保障机制。积极贯彻执行严格的水资源管理制度，初步确立农业灌溉用水的控制和定额管理标准，推动农业水价的综合改革，科学制定不同地域、不同作物的灌溉定额和水价，提高农民的节约用水意识。

二、减少化肥农药使用量

（一）化肥减量施用

化肥在农业生产中扮演着至关重要的角色，然而，当前过度和盲目地使用化肥导致生产成本上升和环境污染问题的加剧。因此，迫切需要改变施肥方式，提升肥料利用效率，确保主要农产品的稳定供应，进而推动农业的可持续发展。为实现这一目标，应采取以下步骤：

1. 实施测土配方施肥

通过创新实施方式，快速应用研究成果，全面推广测土配方施肥。

（1）需要扩大实施范围，将其拓展至设施农业以及蔬菜、果树、茶叶等经济园艺作物。

（2）应鼓励企业参与，选择具有良好声誉和实力雄厚的企业进行深度合作，并采用"按方抓药""中成药""中草药代煎""私人医生"等多种模式推进配方肥的普及。

（3）探索公益性服务与经营性服务相结合，推动政府购买服务，支持专业服务组织的发展，为农民提供"四个统一"服务。此外，创新肥料配方制定发布机制，优化专家咨询系统，并借助现代化信息技术推动测土配方施肥技术的普及。

2. 推动施肥方式改革

应加快施肥机械的开发，结合机械化施肥，采用深施技术、机械追肥、种肥同步播种等技术，以降低营养物质的损耗和流失。提高滴灌施肥、喷灌施肥等水肥一体化程度，结合高效节水灌溉，提高肥料和水资源的利用效率。对于选肥时机的掌握，应根据土地、植物、水分、时间等特性进行科学选择。

3. 深化新机械新技术运用

在强化科研创新的基础上，应整合产学研推资源，重点关注农作物品种的肥效调控研究。鼓励研发集成速效与缓效、大中微量元素、有机肥与无机肥、形态与功能融合的新产品和设备。加速新产品的宣传普及，并扶持缓释肥料、水溶性肥料、液体肥料等高效新型肥料的示范与推广，以提升肥料使用效率，推动肥料行业的彻底转型。根据不同地域、作物特性，科学设计施肥方案，推广效益显著、生态环保的施肥技术模式。

4. 强化有机肥循环利用

推进有机肥资源的回收与再利用，支持规模化养殖企业利用废弃物生产有机肥，推广养殖业废弃物处理＋沼气生产＋社会化出渣运肥的经营模式。同时，鼓励农民自制农家肥或施用商业有机肥。广泛推行秸秆粉碎还田、快速腐熟还田、过腹还田等技术，并开发多元作业机具，以实现秸秆的充分利用。根据地理情况，合理配置绿肥种植。例如，南方冬季休耕的稻田或果茶园均可用于绿肥种植。也可让农民使用根瘤菌剂来提高豆科植物的生产能力。

5. 增强并维护土壤质量

应加快农田设施升级，完善农田水利设施，提升耕地基础环境。实施耕地质量保护与提升策略，通过土壤改良、地力维护、污染控制、盐碱治理、中低产田改造等措施，全面提高耕地生产力。

（二）农药减量施用

农药在农业生产中的重要性不言而喻，对有效防治病虫害、维护粮食产量稳定起着不可替代的作用。然而，随着农作物种植规模的扩大和病虫害防治难度的增加，我国农药使用总量逐年攀升，2022年已达23.5万吨，远高于发达国家的平均水平。设定目标将其降至每年20万吨，旨在减少过量施用农药和不当用药方式所导致的问题，包括生产成本上升、农产品品质下降以及生态环境破坏等。为此，迫切需要建立节约资源、保护环境的病虫害综合治理体系。

1. 构建病虫害监测预警系统

在科技引领下，重点建设自动化、智能化的田间监测点，以建立健全病虫害监测体系为目标，引入自动化虫情测报灯、自动计数诱捕器、病害智能检测设备等现代监测器材，提升监测水平。制定相关技术标准、数学模型和会诊制度，实现实时监测、无缝传递、精准预测和可视化预警，以提高监测预警的效率和精度。

2. 推进科学用药

包括"药、械、人"三方面的协调推进。

（1）主张以低毒低残留农药为主导，完善农药风险评估技术标准体系，扩展低毒生物农药补贴项目的覆盖面，加速高效低毒低残留农药的研发、登记和推广运用。

（2）通过试用、登记等方式推广小宗作物用农药。逐步淘汰高毒性农药，科学运用种子、土壤、秧苗处理等预防措施，减少中期和后期的农药施用频率。确定用药种类，合理添加喷雾辅助剂，从而达到农药减量增效、提高防治效果的目的。鼓励推广新型高效植保机械，例如自走式喷杆喷雾机、高效常温烟雾机、固定翼飞机、直升机、植保无人机等，结合应用低容量喷雾、静电喷雾等先进技术。

（3）提高公众对科学用药的认知水平，培养一批科技明白人，引导农民科学购买和使用农药。

3. 推进绿色防控体系建设

在推进农业生产绿色化过程中，建立健全绿色防控体系至关重要。

（1）需要深入研究各种农作物病虫害的特点，全面推广适应于不同农作物的绿色防控技术模式。

（2）应以大型蔬菜种植基地、设施蔬菜基地等为主要区域，创建并扩大绿色防控示范区，以助力农业企业和农民合作社提升产品品质，打造知名品牌，实现高价出售的目标，从而促进绿色防控技术的广泛应用和快速普及。

（3）加强对农业从业者的培训，提高他们应用绿色防控技术的能力，有效应对病虫害的威胁。

4. 推进统防统治

统防统治是建立综合防治体系的重要组成部分。

（1）应通过运用农业补助资金、农机购置补贴以及植保工程建设投资等方式，大力提升行业装备水平，使其适应现代植保机械的挑战，提高防治效率和水平。

（2）要深化技术交流合作，整合并示范统防统治与绿色防控相结合的技术服务模式，通过共享技术资源和经验，提升综合防治水平。

（3）重视服务质量，加强对防治组织的指导，提供病虫测报信息与防治技术，规范内部管理，提升服务水平和效果，确保综合防治体系的顺利运行和有效实施。

三、废弃物资源化利用

（一）畜禽粪便资源化利用

养殖业的迅速扩张虽然满足了人们对肉类、蛋类和乳制品的需求，但也带来了环境污染问题。畜禽排泄物的无控排放对水体、土壤和空气造成了严重破坏，给我国生态环境带来了沉重负担。为了有效应对畜禽粪便污染，保护城乡生态环境，推动现代农业和循环经济的发展，必须对畜禽粪便实施减量化、无害化和资源化处理。

（1）实现畜禽粪便资源化利用的关键在于制定高效的种养循环计划，合理规划畜牧业布局及其与种植业之间的协调发展，推动畜牧业健康发展。

（2）推动建设农业有机废弃物的收集、转化和利用网络体系，在养殖密集区域设立集中处理中心，实现规模化、专业化、社会化的运营管理。

（3）在田间建设管道和储存设施，解决粪肥还田过程中的技术难题，鼓励使用经过无害化处理的畜禽养殖废水作为肥料，并加强对粪肥使用的技术指导。

（4）应采用政府与社会资本合作的模式，吸引社会资金投入，形成完整的畜禽粪污处理产业链。

（5）需要培育多种类型的粪污处理社会化机构，引导其实现专业化生产和市场化运营，并建立受益者付费机制，确保第三方处理企业和社会化机构能够获得合理回报。

（二）农膜资源化利用

随着农膜使用量和使用年限的增加，一些地区出现了严重的"白色污染"问题，因此，推进农膜资源化利用显得尤为紧迫和关键。

农膜资源化利用不仅有助于维护生态环境，而且有利于节约资源。据统计，2021年，中国的农用塑料薄膜使用量为235.8万吨，其中地膜用量约为134万吨，而全国农膜回收率不到2/3。残留的农膜散落在田间地头、房屋前后和树林中，严重影响了乡村的环境面貌。通过推广农膜回收，将废弃物转化为再生塑料制品，有助于减少浪费，提升农村环境质量。

（三）秸秆资源化利用

农作物秸秆作为重要的生物质能源，是植物光合作用的产物，在科技发展的推动下，已经从最初的肥料、饲料和燃料用途，扩展至多元领域。自农村改革以来，我国农业取得了飞速进展，而这也带来了农作物秸秆产量的大幅增加。然而，随着农村经济的蓬勃发展和农民生活水平的提高，原先用于焚烧或作为肥料、饲料的农作物秸秆供过于求，导致不少地区出现了秸秆过度堆积的现象。特别是在每年的收获季节，一些地区由于秸秆处理不当而引发严重的空气污染，这不仅影响了居民的健康，也引起了全社会的高度关注。对此，我国各级政府一直致力于支持农作物秸秆的资源化利用，通过制定多项技术和政策措施来推动这一进程。自 2008 年起，国务院办公厅颁布了《关于加速推动农作物秸秆综合利用的意见》，标志着对秸秆资源合理利用的重视和规范化管理的开始。此后，2011 年，国家发展改革委、农业部和财政部共同制定并发布了《农作物秸秆综合利用实施方案》，进一步细化了秸秆综合利用的具体措施和实施路径。2015 年，四部门再次联手推出《进一步加强农作物秸秆综合利用及禁烧的通知》，为推广秸秆利用与杜绝露天焚烧提供详细规划与指导。

第三章　现代农业经营体系

第一节　现代农业经营体系的内涵与构成

一、现代农业经营体系的内涵

现代农业经营体系构建基于新型农业经营主体与现代农业社会化服务机构之间的协同互动关系。这两者相互依存、相辅相成，共同推动着我国农业现代化的进程。新型农业经营者包括专业大户、家庭农场、家庭牧场、农民合作社、龙头企业等，而农业社会化服务体系则汇聚了各类社会组织和服务提供者，其服务涵盖了农业生产的全过程，包括产前、产中和产后的各个环节。随着农业生产力的提升和商品经济规模的扩大，专业化农业服务人群逐渐增多，他们为农业生产提供生产资料供应、技术咨询、农产品收购、储存、加工和销售等多种服务。这些服务往往以签订合约或协议的形式构建起一个完整的服务体系。

农业经营模式的创新被认为是现代农业经营体系发展的核心。根据我国"十三五"规划和2016年中央1号文件的指示，应加强农地规模经营，构建新型农业经营组织体系，建立以个体农户为主体、合作与联合为桥梁、社会化服务为支撑的现代农业经营格局，以进一步提升农业的综合收益。同时，实施乡村振兴战略也强调了发展农业适度规模经营，加强新型农业经营者培训，健全农业社会化服务机制，以实现小农户与现代农业之间的无缝对接。

面对新形势下农业经营的新挑战，创新农业经营系统已成为必不可少的对策。当前，我国乡村正处于深刻变革之中，农业经营模式面临着一系列新难题。这些难题主要表现在规模较小、管理粗放、劳动力逐渐老龄化、组织程度相对低下以及服务体系尚不完善等方面。根据最新的农业普查数据显示，全国范围内从事农作物种植业的农户平均每户拥有的耕地面积仅为10

亩，其中超过 90％的农户养殖的肉牛数量低于 2 头，而生猪饲养量也未达到 10 头。此外，农业从业者的年龄结构日益老化，51～60 岁人群占比达到 21.3％，60 岁及以上人群占比为 11.2％，女性比例更是高达 53.2％。随着时间的推移，农业人才短缺、农村半农半工化趋势加剧、农村人口进一步减少，未来耕耘农田的重任谁来承担将成为一个严峻的问题。

为了有效解决这些新问题，建立集约化、专业化、有组织性且社会化的新型农业经营机制至关重要。这包括鼓励发展专业大户、家庭农场以及专业合作社等新兴农业经营者，同时推动多种类型的农业规模经营与社会化服务的发展。这一举措有助于确保我国农业稳健地发展，从而促进乡村振兴战略的实施。

二、现代农业经营体系的构成要素

农业现代化经营体系由以下三个核心元素构成：经营主体、组织形式及服务体系。

（一）经营主体

经营主体通常具备较大的规模、先进的设备及良好的经营管理技能。他们致力于提升劳动生产率、合理利用资源和土地产生效益，并以商品化种植为主线。其中，农业产中和产后服务角色亦不可或缺。根据其类别，大致可分为农业生产经营组织、新型农业社会化服务组织以及农业产业化联合体等。自新时代以来，随着农村人口涌入城市及农村土地流转加速，农业生产结构发生剧烈转变，推进了如种植大户、养殖大户、家庭农场、合作社以及龙头公司等各类农业生产经营组织的发展壮大。这些组织既是推动农业经营体制革新的主力军，同时也是农业现代化的重要载体。

（二）组织形式

为带动多元化经营主体发展，要引导土地转向规模化生产的经营主体，从而实现土地集约化经营。要充分调动基层合作社、家庭农场、专业大户等主体的作用，实现农业效率提升、农民收入增长和农业提质增效。尤其关注保护农民权益，形成以"新型农业经营主体＋农民"的组织形式。同时，通过深化与农户的利益联结关系，使农民成为现代农业发展的积极参与者并获得实际收益，避免资源流失和权益受损。

（三）服务体系

该体系是一套以公共服务机构为基石，合作经济组织为基础，龙头企业为支柱，其他社群力量为支持的新型农业社会化服务系统。该系统提高了农业公益性服务（包含但不限于农业科技推广、动植物检验检疫、农产品质量监督）、农民合作服务组织的共识力、影响力及服务能力，农业产业化龙头企业与农民间的利益联结及带动能力，以及市场体系中商业服务组织的规范化服务水平等多个方面。

第二节 中国农村基本经营制度及其完善

我国农村基本经营制度是为解决农村生产中涉及的诸多关键因素而建立的，其中包括农业经营主体、农业社会化服务组织及其相互关系等，从而构建了独具特色的农业经营体系。总体而言，农业经营者的身份以及主要的农业经营主体取决于所采用的经营制度。我国农村基本经营制度规定了农业经营体系的核心内容。

具体来说，我国《中华人民共和国宪法》第十条明确规定了农村和城市郊区土地的分配方式：除依法归于国家外，其余部分均归集体所有。第八条强调了农村集体经济组织实行以家庭承包经营为基础，统分结合的双层经营体制。我国农村基本经营制度具备以下几个重要特征：

（1）农村土地所有权归农村集体经济组织所有。

（2）农业用地主要由农村集体经济组织的成员——农村家庭负责经营，集体提供支持服务，家庭自主盈利或亏损，即实行家庭联产承包责任制。

（3）基于这些原则，家庭经营逐渐演变为我国农业经营的主要形式。

简言之，将家庭联产承包责任制视为我国农村基本经营制度，是合理的。然而，在实际运用该概念时，需要注意其所包含的农村土地集体所有制和家庭经营为主这两个基本要素。

我国农地产权政策作为党的农村基本政策之一，是党在农村政策上的根本依据。该政策的首要任务是坚守这一基本制度，确保农民的土地承包经营权、宅基地使用权和集体利益分配权得到切实保障，以提升村级集体经济的竞争力。党的十八大报告明确指出，要坚定不移地完善这一基本政策。党的十九届四中全会通过的《关于坚持和完善中国特色社会主义制度推进国家治理体系和治理能力现代化若干重大问题的决定》再次强调了深化农村集体产权制度改革的重要性，旨在发展集体经济，进一步完善农村基本经营制度。在"深化农村集体产权制度改革，发展农村集体经济，完善农村基本经营制度"的战略中，该文件提醒必须深化农村集体产权制度改革，促进农村集体经济成长，使其更好地成为农村基本经营制度的重要支撑。

以家庭承包经营作为基础、实行统分结合的双层经营制度是我国农村改革史上的重大突破，充分体现了农民在党的领导下的智慧和创造力。这种经营模式不仅符合我国国情，满足社会主义市场经济体制对农业的需求，也与农业生产特性相契合。它有助于激发农民的活力，实现农村生产力的解放与发展。这一举措为改革开放后我国农业农村的巨大变革奠定了深厚的法律基础，同时也是中国特色社会主义制度不可或缺的重要组成部分。

一、农地所有制度：集体所有制的建立与坚持

（一）新中国成立初期的土地农民所有制

1950 年 6 月 28 日，由中央人民政府委员会第八次会议通过的《土地改革法》正式实施。该法明确提出要废除封建地主土地所有制，推行农民土地所有制，旨在全面释放农村生产力，促进农业生产增长，为新中国的工业化铺平道路。在中国共产党的领导之下，截至 1953 年，全国除个别少数民族地区外，已实现土地改革全覆盖。这次土地改革彻底摧毁了封建剥削制度，封建土地所有制被完全废止，全国超过三亿农民无偿获得大约七亿亩土地及大量生产资料，从而摆脱了每年向地主缴纳高达 3 000 万吨以上粮食的沉重负担。农民得以翻身，纷纷表示对《土地改革法》的热烈拥护。

从新中国成立至 1953 年间，全国土地改革基本完成，接着展开了全国性互助合作社运动。作为劳动者自由联合与互惠互助的利益团体，社会主义农业合作社经历了从农业互助组到初级农业合作社，再到土地改革后的集体所有制。在这一演进过程中，合作社并未改变农民对其土地私有权和家庭经营模式的控制权。直到 1954 年 9 月，我国宪法规定农村集体享有土地所有权利，社会主义土地制度才最终得以确立。《中华人民共和国宪法》（以下简称《宪法》）第八条中明文规定："国家依照法律保护农民的土地所有权和其

他生产资料所有权。"

（二）农村土地集体所有制的确立

1955 年 10 月 11 日发布的《关于农业合作化问题的决议》明确规定，我国的农业生产合作社采取土地入股统一经营模式，具有半社会主义特征，是向高度社会主义过渡的标志。在这一社会背景下，这些社区恰好将成员对土地及其他重要生产资料的私人掌控权保持下来，既防止了土地权益过度公有化的危险，又成为半社会主义性质的象征。随着时间推移，1956 年 6 月 30 日，经国务院批准，由毛主席亲自签发的文件《高级农业生产合作社示范章程》明确指出："农业生产合作社按照社会主义的原则，把社员私有的主要生产资料转为合作社集体所有……"第十三条还特别强调："入社的农民必须把私有的土地和耕畜、大型农具等主要生产资料转为合作社集体所有。"这表明，高级农业合作社已完全采用集体所有制，会员所拥有的土地也顺利转为合作社共同财产，不再持有土地报酬，而更多依赖耕牛和大型农用工具进行社内投资。在短短一年内，中国的农业合作事业基本得到完善，土地集体所有权确立，劳苦大众走向社会主义集体所有制经济的新篇章由此揭开。

值得注意的是，1979 年 9 月，党的十一届四中全会发布的《中共中央关于加速农业发展若干问题的决定》再次强调："人民公社要继续稳定地实行三级所有、队为基础的制度，集中力量发展农村生产力。"因此，经过了农业生产互助组、初级农业合作社、高级农业合作社以及后来的人民公社几个不同的发展阶段，农民们的私人合法持有的土地逐步转化为集体所有，实现了统一经营和按劳分配的制度。至此，原本属于农民个人所有的土地所有制逐渐失去，土地集体所有权得到全面巩固和提升。

（三）坚持农村土地集体所有制

根据《宪法》第六条规定，"中华人民共和国的社会主义经济制度的基础是生产资料的社会主义公有制，即全民所有制和劳动群众集体所有制。"这确立了集体所有制在国家经济体系中的重要地位。特别是农村土地集体所有制，在《宪法》和《土地管理法》的规定下，除法律规定归国家所有的土地外，其余均属于集体所有。习近平总书记在 2013 年中央农村工作会议上也确认"坚持农村土地农民集体所有"。这一原则被明确视为坚持农村基本经营制度的核心。因此，应坚决维护农村集体所有权，确保集体资产不受侵蚀。

二、农地使用制度：土地承包制度的建立与发展

土地所有权解决了土地归属权问题，涉及土地占有权、使用权、收益权以及处置权等四大权利。作为所有权人，其享有四项权利，也可以将部分权利授予他人行使。然而，在改革开放之前，我国农村实行的是集体统一劳动和分配模式，即土地权利由集体全权掌握，这与我国农业生产的实际情况严重脱节。更为严重的是，高度集中的劳动形式和平均主义的分配制度大大削弱了农民的生产积极性，阻碍了农村经济的健康发展。自改革开放以来，农村土地使用逐渐打破了集体全权控制模式，凸显了完善土地使用制度的重要性。

（一）家庭联产承包责任制的建立

家庭联产承包责任制的创立可以追溯至 1978 年，当时安徽省凤阳县小岗村的 18 位农民在一间简陋的茅屋内进行了一场具有划时代意义的秘密磋商。商议的主要成果是起草了一份简明扼要的包干保证书，其中包括三项主要内容：将土地分配给个人耕种、不再寻求国家援助以及确保干部家属在服刑期间得到抚养。

在我国改革开放初期，这一举动被视为一种大胆而豪迈的冒险，引发了诸多质疑声。然而，随着时间的推移，家庭联产承包责任制逐渐成为我国农业改革的重要支柱。1980 年后，邓小平同志发表了重要讲话，肯定了家庭联产承包责任制的合法地位。与此同时，中央还发起了省市第一书记座谈会，就农业生产责任制发表了指导性意见，明确宣示"包产到组、包产到户不会影响我国的社会主义性质。"在此后的几年里，家庭联产承包责任制在大部分地区得到了普遍推行。

直到 1982 年，第一个中央 1 号文件发布，正式阐明了"目前实行的各种责任制，包括小段包工定额计酬，专业承包联产计酬，联产到劳，包产到户、到组，包干到户、到组，等等，都是社会主义集体经济的生产责任制"，并鼓励"在建立和完善农业生产责任制的过程中，必须坚持土地的集体所有制，切实注意保护耕地和合理利用耕地"，这更是为此项政策在我国的推广

画上了句号。1986 年,《中华人民共和国土地管理法》再次重申:"集体所有的土地按照法律规定属于村民集体所有,由村农业生产合作社等农业集体经济组织或村民委员会经营、管理。已经属于乡(镇)农民集体经济组织所有的,可以属于乡(镇)农民集体经济组织所有。村农民集体所有的土地已经分别属于村内两个以上农业集体经济组织所有的,可以属于各该农业集体经济组织的农民集体所有。"

(二)土地承包关系实现长期稳定

在我国农村实行农业合作化初期,承包期限普遍较短。然而,较短承包期限可能无法有效激励承包者对土地资源进行充分合理开发,反而导致短视行为和土地资源的过度开发与破坏。为此,1984 年,我国政府出台相关政策,强调土地承包期限应适当延长,一般不少于 15 年。遵循此政策,我国大部分地区逐步将土地承包期限固定在 15 年。然而,部分地区为缓解人口增长与土地资源紧张的矛盾,需要频繁调整现有土地分配,因此实际上能够实现 15 年持续耕种的情况并不多。

针对最早实施家庭承包经营制度的地区,我国政府于 1993 年确定了承包周期为 30 年的政策,并根据具体情况确定了起始日期,最长可达 30 年。例如,个别地区的承租期从 1993 年开始,一直延续至 2023 年。

2002 年 8 月 29 日,九届全国人大常委会第二十九次会议通过了《中华人民共和国农村土地承包法》,明确规定了农村土地经营方式实行家庭承包制度。该法律进一步确认了农民享有长期、稳定的土地使用权,保护农村土地承包相关利益方的合法权益。其中规定,耕地承包期为 30 年,草地承包期为 30~50 年,林地承包期则在 30~70 年。对于特定林木的承包期,必须获得国务院林业行政主管部门的批准才能延长。

2019 年 11 月 26 日,中共中央、国务院发布了关于保持土地承包关系稳定性和持久性的意见。这份重要文件明确了土地集体所有权、家庭承包经营制的长期存在,以及维持农户依法承包集体土地的基本权利等原则性问题。同时,宣布在第二轮土地承包到期后,再次延长 30 年。

(三)土地承包权的专属化和物权化

随着时代的推移,土地承包权的发展呈现出从最初仅区分土地所有权和使用权,逐渐过渡为公社内成员专享的权利,作为土地所有权的衍生物而存在，进一步阐释了集体经济组织的本质特征。

《土地管理法》（1986 年版）的第十二条指明："集体所有的土地，全民所有制单位、集体所有制单位使用的国有土地，可以由集体或个人承包经营，从事农、林、牧、渔业生产。"该条款未对承包主体做出具体限定，只是明确集体或个人拥有土地承包经营的权利。

到了 1998 年修订版，《土地管理法》首次提出了"本集体组织成员承包"的概念。第十四条规定："农民集体所有的土地由本集体经济组织的成员承包经营，从事种植业、林业、畜牧业、渔业生产"。虽然允许外部单位或个体承包，但需要经过特定程序，即第十五条规定："农民集体所有的土地，可以由本集体经济组织以外的单位或者个人承包经营，从事种植业、林业、畜牧业、渔业生产……农民集体所有的土地由本集体经济组织以外的单位或者个人承包经营的，必须经村民会议三分之二以上成员或者三分之二以上村民代表的同意，并报乡（镇）人民政府批准。"

2002 年版的《中华人民共和国农村土地承包法》进一步完善了农村集体土地内部承包制度，并明确规定：只有未能采用家庭承包形式的耕地方可对外承包。该法第三条指出："国家实行农村土地承包经营制度。农村土地承包采取农村集体经济组织内部的家庭承包方式……"在此时，承包权已逐渐具备了所有权的性质，每位集体组织成员都享有该权利，且任何人、任何组织都无权剥夺或限制。此外，该法第五条还明确规定："农村集体经济组织成员有权依法承包由本集体经济组织发包的农村土地。任何组织和个人不得剥夺和非法限制农村集体经济组织成员承包土地的权利。"第三十二条明确规定，"在经农村集体经济组织全体成员同意的前提下，土地的承包经营权可以依据法律规定进行流转操作，包括但不限于转包、出租、互换以及转让等多种形式。"上述法律规定表明，此时的土地承包权几乎模拟了家庭成员对集体土地的按份占有模式，尽管此类占有具有一定的期限。

2007 年 3 月 16 日，第十届全国人大第五次会议通过了《中华人民共和国物权法》，该法规总计一百三十四条，详细阐述了土地承包经营权的具体细则，并明确确立了其物权属性。这一变革在法律层面赋予了农民土地的占有、使用、收益及处分权力，确认了他们作为土地利益主体的法律地位。农民可依法对土地进行生产经营、股权投资或抵押，有效提升土地利用效率，增加农民收入。为了确保农用地承包经营权物权的实现，每块土地的产权必须经过土地登记申请、地籍调查、审核、注册和发放土地证书等特定程序后，方可最终确立。

同年，党的十七届三中全会发布的《中共中央关于推进农村改革发展若干重大问题的决定》主张"健全严格规范的农村土地管理制度"，并重点强调"搞好农村土地确权、登记、颁证工作"。时隔几年，2011 年 5 月，国土资源部、财政部与农业部联合发出《关于推进农村集体土地确权登记发证工作的通知》，要求广大农业工作者尽快完成农村土地的所有权确权登记发证工作。2013 年，中央发布了关于推动现代农业发展的重要文件，即《中共中央 国务院关于加快发展现代农业进一步增强农村发展活力的若干意见》，旨在提升农村活力。其中，再次强调了深入推进农村土地的确权登记发证工作。截至 2018 年初，全国范围内已初步完成了集体农田所有权的确权和发证工作，为"长期不变"政策提供了有力保障。

（四）农地经营权流转的发展与农地"三权分置"

土地承包权领域实现的专有化及物权化，既赋予了集体经济组织成员对集体土地的特殊权益，保障其基本利益；同时，通过将土地经营权这一要素独立于承包权的方式，为农地更高效地利用构筑了制度框架。

在 20 世纪改革开放初期，农民承包的土地不被允许转让。直至 1982 年，中央 1 号文件明确指出，社员承包的土地禁止买卖、出租、转让、荒芜，如违反必将面临集体收回的后果，且在无力经营或转营他业时需归还给集体。同年公布的宪法亦规定：任何团体或个人均无权侵占、买卖、租赁以及非法转让土地。尽管此规定随后有所放松，直到 1984 年，中央 1 号文件才再次明确规定，社员所承包的土地均不得买卖、出租、转为宅基地和其他非农业用地。然而，允许社员在承包期内，若因其无力耕种或转向他业可选择将部分土地交由集体统筹安排，或者在集体许可下寻找合作伙伴进行转包。1987 年，中央印发的《把农村改革引向深入》再次强调，未从事相关行业或自身不愿意耕种土地的社员，应当将承包地交还集体，或者经过集体同意后将承包地转包给他人。

1988 年，修订后的宪法正式认可土地使用权可以依法转让的原则。自此以后，我国法律正式确立了土地流转的合法地位。2001 年 12 月 30 日，全国人大常委会批准发布的《中共中央关于做好农户承包地使用权流转工作的通知》，标志着我国首个专门针对农村土地流转工作的文件的诞生。该通知明确了"农户承包地使用权流转必须坚持依法、自愿、有偿的原则"。2005 年，农业部制定了《中华人民共和国农村土地承包经营权流转管理办法》，进一步细化流转双方的要求（包括承包人和受让方）、流转的方式（例如转包、出租、调换、转让以及其他符合法律规定的方式）、流转合同以及流转管理等方面，确立了相对完整的农地流转实施细节。

历经多年发展，2016 年，国务院终于颁布了《关于完善农村土地所有权承包权经营权分置办法的意见》，对农村土地产权结构进行更深层次的调整，将经营权从承包权中分离出来。这一观点的提出具有里程碑式的意义，是继家庭联产承包责任制之后，我国农业改革的又一项重大制度创新。通过完善承包地"三权分置"制度，既能切实体现农村集体土地所有权，推动土地资源规范使用；又保障广大承包农户的土地承包权益，促进土地资源科学配置。这一政策不仅稳定了农民的土地承包权，提高他们参与土地流转的意愿，为农业适度规模经营奠定了坚实基石，对于提高土地利用效率、提升农业劳动生产率都有着深远影响。

三、经营决策制度：家庭经营的基础性地位

在农田政策转型进程中，必须充分认识到扩大规模经营的重要性，但同时也不可忽视这种转型需要长期积累且必须适应合适的环境。土地流转以及各类规模经营不仅是打造现代化农业的必要手段，也成为乡村改造的核心方向。在进行农田政策的转型升级以维持持久稳定的土地承包政策时，应坚持农村土地集体所有权与家业经营的基础地位。

（一）短期内农民无法全部转移

根据目前的数据显示，2017 年我国农村人口数量达到了 5.8 亿人次，占总人口的 41.48%；2022 年末，我国农村人口数量达到了 4.91 亿人次，占总人口的 34.78%。尽管与过去几年相比，我国农村常住人口呈下降趋势，但 1949 年国家成立初期，农业人口总数为 5.4 亿人次，农民人口高达 4.8 亿，直到六七十年后，我国农业人口仍然增长。因此，短期内让大量农民彻底从农村转移出去，实现城镇化将是一项巨大的挑战。

（1）农民如果放弃农业，如何找到新的职业。在 20 世纪八九十年代，乡镇企业经历了发展的黄金时期，但随着黄金期的结束，大量农民涌入城市寻求工作机会。2021 年全国农民工总量达 29 251 万人，近年来一直保持稳步增长的态势。然而，农民工潮并未有效解决农民的就业问题。

（2）农民工群体中，女性、已婚者以及 50 岁以上人员的比例持续增加。男性农民工占比达 65.2％，女性比例则为 34.8％；未婚者占 17.2％，而已婚者比例高达 79.7％。他们的平均年龄达到了 40.2 岁，具体来看，40 岁以下的农民工占比为 52.1％，略低于上年的水平，降低了 0.3 个百分点；而 50 岁以上的农民工占比为 22.4％，与上年相比有所增长，上升了 1.1 个百分点，表现出过去五年稳步增长的态势。这一趋势表明，农民工对基础设施的需求日益增加，尤其是涉及随迁子女的教育问题。根据调研数据显示，有 50.8％的父母认为其孩子在城市求学过程中面临困难，这个数字相比上年下降了 2.7 个百分点。我国农民工转移问题面临多重挑战，需要逐步解决。鉴于农民工规模庞大且城乡就业结构已趋于稳定，仍有相当部分的农民选择在农村从事农业生产。因此，应当推动农村服务业的创新发展，充分发挥农村区位优势，加大对农民创业的扶持力度，促进农村一二三产业的深度融合，从而激发农村经济活力，有效缓解我国当前阶段的农民就业难题。

（二）我国自然条件分布不均衡

尽管我国领土广阔，达到 960 万平方千米，但山地较多而平原稀缺，其山地、高原、丘陵的面积占土地总面积的 69％，而平原仅占约 31％。我国现有耕地面积 19.18 亿亩，人均耕地约为 1.4 亩，此数据远低于全球平均水平的 2.89 亩/人，显示出我国的人均耕地资源紧缺。根据林业部门的调研，可大致得出，适宜耕作的后备土地资源人均约为 3 300 万公顷，能种植的粮食和棉花作物面积预计约为 1 300 万公顷。值得关注的是，该区域集中了我国 92％的耕地和林地，这使得该地区农业人口与农业总产值占全国比重均达到近 95％。东南部季风区经常遭遇自然灾害的困扰，同时土地资源的特性及农业生产条件间也存在明显差异。总之，我国的土地资源呈现山地多平原少的特征，人均拥有的农业用地资源匮乏，后备耕地资源明显不足，且在地域分布上存在较大差异。

（三）农业难以完全依赖工商资本

原国务院发展研究中心副主任陈锡文曾明确指出："工商资本进入农业主要应在三个领域：第一是产前产中产后的服务环节，发展农业社会化服务；第二是闲置的、农村集体和农民没有能力开发的土地，让公司（企业）去开发；第三是农民干不了的事，发展现代化的种养业，让公司（企业）来做，农民干得了的事，就得农民自己干。"

第三节　新型农业经营主体及其发展

随着我国新型工业化、信息化以及城乡融合进程的加速推进，大量农村劳动力进入城市就业，2亿多农村承包户的就业和经营状况持续转变。随之而来的是"未来谁来种地、怎样种好地"的问题。我国正在努力培育新型农业经营主体，通过多元化的适度规模经营方式来推进现代化农业建设。为此政府有关部门出台支持政策并加大投资力度，引导社会资本积极参与新型农业经营组织和服务机构的培养和发展工作。

近些年，已经看到各种新型农业经营组织和服务机构在规模上不断扩大，已经形成了以家庭经营为主体，合作与联合为纽带，社会服务为辅助的立体式复合型农业经营生态系统。这些新型农业经营组织和服务机构正在创新农业生产模式，并以小农户为辐射对象，推进农业规模化的稳步发展。它们推广新的优良品种和先进技术，加快使用新的设备，成为乡村振兴的重要驱动力。

截至2018年末，全国已有将近60万家家庭农场，其中包括8.3万家示范家庭农场；全国依法注册的农民合作社达217.3万家，其数量较2012年翻了3倍之多，其中有超过18万家的县级以上示范社；全国农业生产托管的社会化服务组织已达37万个。这些新型农业经营组织和服务机构迅速壮大，总计超过300万家，已成为全面推进现代农业发展的核心力量。

全国家庭农场经营土地总面积达到1080万公顷，且经营范围逐渐向多元化演进，从粮食和经济作物的混合种植到养殖业的发展，再到种养一体化，最终实现了一二三产业的深度融合，从而使得经济实力稳步提升。农民合作社规范化程度也在不断提高，截至2018年末依照交易额度分配盈余的农民合作社数量大约是 2012 年的 2.5 倍；有 3.5 万家农民合作社创设了自己的加工实体；近 2 万家农民合作社开展了农村电子商务；有 7 300 多家农民合作社致力于发展休闲农业和乡村旅游业务。全国基于综合托管系数计算得出的农业生产托管面积已达 2 427 万公顷，有效实现了集中连片种植和集约化经营，降低了生产成本，提高了经营收益。

新型农业经营组织和服务机构能够针对市场需求进行农产品标准化、品牌化生产，严格控制质量安全，关注产销衔接，推动了农业种植结构的调整优化，提升了农业劳动生产率。

一、家庭农场

家庭农场作为一种现代化农业经营模式，以家庭成员为主力，专注于农业的集约化和现代化生产，将农业收益视为家庭经济的主要支柱。其两大特点——"家庭成员为主要劳动力"和"以农业收入为家庭主要收入来源"，构成了其独特之处，保证了其在农业行业中的稳定性。自 2008 年起，党的十七届三中全会首次明确了家庭农场在农业规模化经营中的优势。而在 2013 年中央 1 号文件更加强调了这一点，并高度重视将承包地有针对性地流转至专业大型经营者，如家庭农场和农民合作组织。

尽管我国农业尚未达到发达国家的水平，但家庭农场在我国已逐渐步入正轨，成为现代农业经营的主导形态。例如，美国作为农业的翘楚，超过 89% 的农场是家庭经营单位，占据 81% 的耕地面积、83% 的谷物产量以及 77% 的农场销售额。法国作为欧盟最大的农业生产国，66 万个家庭农场平均经营着 42 公顷的耕地，涵盖谷物、花卉、蔬菜、水果和养殖业等多种经营业务，超过 75% 的家庭农场劳动力由经营者自家承担，仅有 11% 的农场需要雇佣劳动力。

在日本，家庭农场模式的建立经历了几个阶段。1946—1950 年，日本通过强硬手段收购地主土地，转让给无地或少地的农民，使得自耕农比例升至 88%，自耕农耕地面积占 90%，并将农户土地规模控制在 3 公顷以内。1952 年，日本制定土地法案并将这些举措法律化，正式建立起以小型家庭经营为特征的农业经营模式。随着时间的推移，为缓解土地集中供给紧张的状况，日本连续制定多项涉及农地改革与调整的法律法规，推动土地经营权的流动，实现农地的大规模连片经营以及共同基础设施的完善。在这一过程中，以土地租借为核心的规模经营取得了显著成效，推动了农业发展。

在我国工业化与城市化同步加速以及农村人口大规模迁徙的背景下，农村土地流转速度明显加快。随之而来的是农业经营规模与组织化程度的提升，出现了新型的农业经营模式，包括种植业大户、家庭农场、专业合作社以及农业龙头企业。然而，根据国情和国际经验，农户仍然是主导农业发展的主要角色。在家庭农场模式中，土地仍然属于村民集体所有，承包方只能在合同结束时方可回收土地，这无疑确保了农业根基的稳固，避免损害其他农民及村委会的利益，维护了农业不受冲击。家庭农场的规模化、集约化、商品化运营赋予了其强大的市场竞争力。在国家扶农惠民政策推动下，家庭农场必将引领农业农村改革发展的大潮，发挥核心作用。然而，考虑到国内家庭农场自 2012 年才崭露头角，且多为地方实践案例，中央层面对其定义尚不明晰；加之缺乏足够的资金支持，无法保证基础设施及生产资料的长期投资，加上土地流转不规范带来的潜在风险，致使家庭农场主进一步扩张产能的意愿受到了限制。

中央农办、农业农村部、国家发展改革委等 11 部门于 2019 年 9 月共同发布了《关于实施家庭农场培育计划的指导意见》。该文件旨在加速家庭农场的培育、发展和壮大，为其构建全面的政策支持体系。

（1）此计划将依法保护家庭农场的土地经营权。家庭农场可通过流转取得土地经营权，并且在征得承包方书面同意后向发包方报备，即可获得金融机构的融资担保服务。

（2）政府鼓励家庭农场参与粮食生产功能区、重要农产品生产保护区、特色农产品优势区和现代农业产业园的建设，同时也支持它们进行农产品初加工、精深加工、主食加工和综合利用加工，自行建设或与农业经营主体共享农业设施，如集中育秧、仓储、烘干、晾晒设备以及保鲜库、冷链运输车、农机库棚、畜禽养殖、田头市场等。

（3）家庭农场还能参与高标准农田建设，促进经营规模的扩大。

（4）政府将在国家和省级层面制定培训规划，并由各级农业农村部门具体执行。这使得家庭农场经营者至少每三年能够得到一次轮训。同时，政府支持各地区依靠涉农院校和科研院所、农业产业化龙头企业、农业科技和产业园区等资源，采用田间学校的方式进行培训。

（5）政府将利用规划和标准引导家庭农场的设施农业发展，并通过多种方式加大对家庭农场建设农业设施的支持力度。此计划同时要求深化面向家庭农场的社会化服务。公益性服务机构须优先考虑家庭农场，提供技术推广、质量检测检验、疫病防控等基本公益性服务。农业科研人员和农技推广人员也将通过技术培训、定向帮扶等方式，为家庭农场提供先进适用技术。

（6）政府还将制定和完善财政税收政策，鼓励各方通过现有渠道安排资金，采取以奖代补等方式，积极扶持家庭农场的发展，以此扩大受益面。如果家庭农场的条件符合，它们可作为项目申报和实施主体参与到涉农项目建设中来。

（7）为了提高金融、保险服务的便利性，政府将积极鼓励银行针对家庭农场开发专门的信贷产品，优化审贷流程，合理设定贷款额度、利率和期限，拓宽抵押物范围。全国农业信贷担保体系将在加强风险防控的基础上，逐步吸收更多的家庭农场业务，以此增加家庭农场获取贷款的可能性。

（8）政府将大力支持发展"互联网＋"家庭农场模式，帮助家庭农场经营者熟悉互联网应用，鼓励电子商务平台通过降低入驻标准和促销费用等手段，支持家庭农场的农村电商发展。

（9）政府也鼓励研究适合家庭农场的社会保障政策，如鼓励有条件的地方引导经营者加入城镇职工社会保险，并尝试针对自愿放弃土地承包经营权的乡村老年人，发放养老补贴。

二、农民专业合作社

（一）合作经济的产生与基本特征

合作经济这一理念与实践早已在全球范围内广泛流行。最早的尝试可追溯至 19 世纪，当时西方国家开始探索合作经济模式。在这一历史背景下，空想社会主义的先驱者如欧文和傅立叶曾试图通过实行高度统一的生产和生活方式来创建合作组织，然而这些尝试由于脱离实际以失败而告终。直至 1844 年，英国罗虚代尔镇的 28 位纺织工人勇敢地创立了罗虚代尔公平先锋社，这标志着全球首家合作社的诞生。该合作社的创立者仅需缴纳 1 英镑的费用，便可享有购买面包等生活必需品及服务的权利。到了 20 世纪 30 年代，罗虚代尔公平先锋社的成员已达 4 万余人，业务领域涉及屠宰业、制造业等多个领域。该社之所以成功，主要得益于其章程规定的社员自由入社和退出政策；该合作社运营具有明显的民主特征，根据股东的交易记录进行盈利分配，彰显了一种民主决策和权益分配的模式。这一模式在欧美地区激发了劳动者创办合作社的热情，并使得罗虚代尔原则成为了各国合作社所尊重的标准，为国际合作共赢奠定了基础。随着合作社规模的逐步扩大，各国开始从分散状态向联合发展，如法国的合作社联盟和日本的全国农业协同组合联合会等，展现了全球化和本土化相结合的发展趋势。

自 1895 年在英国伦敦建立以来，国际合作社联盟进入了稳健增长的阶段。1946 年，该联盟成为联合国的咨询机构，成为联合国的非政府组织之一，目前国际合作社联盟已经覆盖全球超过 120 个国家和地区，拥有逾 7 亿合作伙伴。

合作社制度的核心要素包括自愿原则、自治机制以及民主管理。作为一种独特的经济实体，合作社的内部组织结构与传统的公司制企业有着显著差异。股份公司的本质在于基于企业利润的资本联合，企业追求最大利润。而在合作社内部，社员的金钱投入并非起关键作用，而是通过交易获取效益。因此，合作社的主要目标是为社员提供有效的交易服务，并非单纯追求利润。在盈利分配方面，合作社会留存少部分用于共同财富的积累，而其余大部分则根据社员与合作社的交易数量进行分配，其中，交易贡献占较大比例。尽管如此，合作社的交易与其他经济参与方的交易一样，都是以盈利为导向的。

（二）农民专业合作社的主要特征

根据《中华人民共和国农民专业合作社法》的规定，农民专业合作社是在农村家庭经营责任制基础之上建立的一种互助性经济组织，由同类农产品生产经营者、相关农业服务提供者和使用者自愿组成。这类合作社的宗旨是为成员提供全方位的商品购销、加工储运以及农业技术和信息等服务，具有独立的法人地位，依法享有生产经营自主权并受到法律保护。

我国农民专业合作社的主要特性如下：

1. 具有互助性质

农民专业合作社的设立旨在解决农业组织化程度低、农民市场竞争能力差等问题。它们的成立初衷是为了提升规模效应，通过会员之间的协作互助来解决个体难以解决的经济难题。因此，农民专业合作社以为会员提供服务为核心，致力于满足一家一户农民在生产经营中的实际需求。

2. 以盈余返还为特征

农民专业合作社是由劳动者构成的利益共同体，旨在帮助成员实现自我服务。它们的目标不是追求最高利润，而是向所有会员提供多样化的服务。与企业不同，企业通常追求利润最大化，否则难以维持运营。相比之下，农民专业合作社将所有者与顾客融为一体，内部运作无法以盈利为唯一目标，但在对外交易中仍需实现利润最大化。因此，根据农民专业合作社法的规定，合作社须按照一定比例补偿损失、预留公积金后，将年度利润按会员与本社的交易量（额）比例返还给会员，且总返还金额不应低于可分配盈余的60％。这是合作社与一般企业的不同之处，也是合作社获得国家税收优惠的重要依据。

3. 农民专业合作社是由自愿参与的成员自发组成的经济组织，实行民主自治

它完全尊重成员的自愿加入和自由退出原则，农民可以选择加入一个或多个合作社，并在合法合规的范围内完成相应的资产交接手续。在合作社内部，各成员享有相同的地位和权利，实行民主政治。这包括决策选举、制定章程和政策、确定经营服务项目和策略、分享盈余分配等。在决策环节，每位成员拥有同等的表决权，同时还有章程指定的附加表决权，以更好地贯彻"民众创办、权益归人民、全民监管、惠及人人"的理念。

4. 农民专业合作社是以农民为核心主体的专业化经济组织

其主体由农民自愿组建，总人数不少于合作社成员总数的80％，并且依照合作社法规定，确保农民能够共同合作，实现共同的经济目标，使得合作社的经营内容具有明显的专业特性。所谓的"同类别"是按照国民经济行业分类规定的中类以下的分类标准进行划分，合作社经营范围涵盖了本类别农产品的出售、加工、物流、储存、农业生产资料的购入等方面，以及与之相关的科技、信息服务等。例如，可以是种植类型的专业合作社，也可以在此基础上进一步细分为葡萄种植、柑橘种植等具体的专业化合作社。

5. 农民专业合作社实际上是在原有的乡村家庭承包经营基础上发展起来的新型经济组织

与传统农村集体经济组织不同，农民专业合作社不是强制性的，而是农民自愿组成的，是依法享受农地承包使用权的新型合作社。每个人都可以考虑加入或选择退出合作社，而且始终应该遵守法律政策。

综上所述，我国农民专业合作社的运作应当遵循以下五大基本原则：

（1）农民作为基本成员。

（2）以服务为中心，追求全体成员福利最大化。

（3）以自愿形式参加，自主确认是否要退出。

（4）保护成员的平等权利，实行民主管理机制。

（5）将盈余按照成员与合作社的交易量（额）重新分配给社员。

（三）发展农民专业合作社的重要意义

1. 提升农民市场参与度

随着农产品供需关系的变化和农业市场化进程的加速，传统的农业劳动力转移和农用地流转已经无法满足当前的需求。在这种情况下，农民专业合作社的出现具有重要意义，它可以帮助提升农民组织能力，促进农民更加积极地参与市场活动。

2. 推动农业产业化进程

传统的"公司＋农户"模式在农业产业化过程中存在一些问题，例如双方利益无法联结等。相比之下，农民专业合作社以农民群体为基础，能够保证农户的独立经营，同时又能够弥补单个农户作战的不足，保护农民的权益，促进成员之间形成互利共赢的局面。因此，农民专业合作社是农业产业化进程的理想承担者，它可以在组织内部推动产业巨头实现产业链整合，同时凭借自身特有优势在合作社之间充当中间角色，从而推动农业产业化的进程。

3. 提高农民综合素质

通过加入农民专业合作社，农民可以享受到先进技术的推广、合理的分工协作、高效的组织管理等多重优势。这有助于培养农民的大局意识、市场意识和团队合作精神，进一步增强民主氛围和农民参政议事的意识，促进自我组织、自我服务、自我管理和自我教育能力的提升。

4. 优化政府农业管理模式

农民专业合作社的兴起为市场经济条件下的农村微观经济组织注入了新的活力，成为农民通往市场的桥梁。在这种情况下，政府可以借助合作社来指导农民贯彻落实国家相关政策，优化农业管理模式，提升政府与农民之间的沟通与合作效率。

三、农业产业化龙头企业

农业产业化龙头企业是现代农业产业化体系的核心，也是推动农业产业化运营的关键组成部分。这些企业集成了各类生产要素，包括资本、技术和人才，以引导和协助农民实现专业化、标准化、大规模和集约化的生产方式。作为农业经营的重要主体，农业产业化龙头企业位于产业链的两端，既连接农户以满足市场供应，又连接经销商及消费者以促成销售，成为农产品供需市场的纽带和引擎。同时，它们还是产业运营中心、技术创新的核心和市场开拓的领导者，在决定整体经营策略方面发挥着至关重要的作用。经过四十余年的发展壮大，到 2018 年底，全国已有 8.97 万家农业产业化龙头企业，数量比 21 世纪初增长了近两倍。

（一）确保农业生产稳定供给

农业产业化龙头企业自 20 世纪 80 年代兴起，最初致力于解决农民分散经营与市场对接的难题。在市场需求的驱动下，这些企业促进了农业结构的调整，化解了农产品买难卖难的问题，对保障国家粮食安全和主要食品的有效供给功不可没。特别是随着政策扶持力度的加大，农业产业化龙头企业队伍日益壮大，涌现出众多行业主导度高、规模效益显著、组织化程度高的企业集群。自党的十八大召开以来，多家涉农企业积极响应农业供给侧结构性改革的倡议，已成为优质高端农产品的主要供应商。在这一进程中，这些企业利用行之有效的商业运营模式和管理理念，为农业产业的发展提供了有力支持，引导农民因地制宜地开发具有市场前景并结合地域资源优势的独特产品。这些努力有力促进了传统农业向更加注重绿色和品牌的现代农业转型。因其在农业供给侧结构性改革中的引领作用，这些企业已成为该领域的带头人。如今，全国已有一亿多农户与龙头企业签署订单协议，形成了粮食产业的"新雁阵"；超过半数的省级以上重点龙头企业荣获绿色、有机、地理标志等认证，认证产品种类已达 3 万种以上。

（二）保障农民利益，增加收入

农业产业化龙头企业作为政府扶持的主要对象，旨在通过提高农民收入来实现农民富裕的目标。从诞生之初起，龙头企业不断调整其与农民的紧密联系，以推动更多农户参与，并逐步提升农民的收益水平。最初的产品购销活动逐渐升级为签订合同、合作经营甚至股份合作等多元化形式；收入提高方式从单一的销售拓展至返利分配、股权分配等多种途径；从过去仅仅关注农民的销售业务发展，扩展至培训农民技能，引导农民进入新兴产业及创新模式。近几年来，众多领先企业凭借其创新性的产业扶贫战略，灵活运用托管代养、产业培育、就业创造、投资吸引及服务支持等多元化方案，有力地推动了落后地区特色产业的蓬勃发展，深入践行精准扶贫策略，逐渐成为了产业扶贫领域的重要驱动力。据统计，截至 2018 年底，由龙头企业主导的农业产业化组织已经惠及全国逾 50% 的农户，使其年度人均收入突破 3 200 元；这些企业依托省级以上重点龙头，在国家级贫困县内创建了 1 300 万亩的绿色有机种植基地，直接援助了约 9 700 户建档立卡贫困家庭。此外，在 832 个国家级贫困县，有共计 1.4 万家以上的市级以上龙头企业得到了培养，负责为贫困居民提供服务并致力于协助他们提高生活质量。在发展农民合作组织、营造家庭农场、推进贫困户脱贫致富的过程中，龙头企业正逐步聚集产业链关键资源，勾勒出了一幅企业兴盛、产业兴旺、农民富足的美丽图景。

（三）强化一二三产业融合发展

在当今农业科技飞速发展的背景下，农业产业化龙头企业凭借其创新机制灵活、研发方向准确及成果转化高效的特点，将产学研、农科教紧密相连，实现了产业链和价值链的双重提升，巩固了自身竞争优势。在此期间，龙头企业不仅引导诸多行业参与者构建现代农业产业体系，而且深入研讨并实践产业跨界融合之法。借助改革开放日益深化的背景和消费者需求由城市向农村转移、由物质型消费向精神型消费变化及信息科技飞速发展等因素所带来的机遇，这些企业纷纷尝试与农业联动的文化旅游业深度整合，或者选定"互联网＋"作为合作伙伴，孕育出诸如休闲农业、创意农业等新型业态。除此之外，产业化龙头企业还勇于创新，运用电子商务、在线支付等方式，进一步巩固在乡村产业转型中的重要示范作用。据统计，自 2018 年底至 2020 年，省级以上重点龙头企业的研发经费年均增幅已逾 15％，建有规模庞大的科研团队，人数超过 60 万。更值得注意的是，其中近三分之一的企业将全年销售收入的 1％以上投入研发活动之中，而超过四分之一的企业甚至设立自有研发机构。此外，约有八分之一的龙头企业荣膺国家级高新技术企业称号。值得关注的还包括，目前已有超过四分之一的省级以上重点龙头企业借助互联网平台开展产品营销，且线上销售额同比增长 15.64％。在此过程中，成功涉足休闲农业领域的龙头企业占比亦达到六分之一左右。

2019 年，国务院发布了《关于促进乡村产业振兴的指导意见》的纲领性文件，坚决主张支持农业产业化龙头企业的发展。该文件强调发展农业产业化龙头企业带动、农民合作社和家庭农场紧随其后、小农户踊跃参加的农业产业化联合体，培育多元化的产业融合主体，进一步推动产业的协同发展。

第四节　农业社会化服务体系及其发展重点

一、发展农业社会化服务的重要意义

农业社会化服务，即涵盖整个农业产业链各个环节，直接或间接支持产前、产中和产后工作的社会服务形式。农业社会化服务对构建现代化农业产业结构、生产机制以及运营系统具有重大意义。

（1）农业社会化服务有助于推动传统农业向现代农业发展模式转型。以家庭经营为核心的耕作方式在我国有较大优势，然而，随着现代农业的快速发展和农业劳动力短缺、人口老龄化等问题日益凸显，许多农户在生产实践中遇到了诸多困扰。提升农业社会化服务水平，可轻松解决众多难题，有助于将小规模家庭生产融入大规模农业现代化进程，建立以家庭经营为根基的现代农业运营体制。

（2）农业社会化服务适应多样化、适度规模经营的急切需求。通过土地流转扩大耕地规模，是提高农业生产效率、实现农业规模化经营的主要手段之一。让农户依据自身实际情况和需求，自由选购专业服务组织所提供的专

业服务，既能满足他们参与生产、自主经营的意愿，也能运用统一服务手法联结千万个家庭，从而实现大片种植、规模养殖，并达成规模经营的目标。

（3）农业社会化服务对农业增值和农民增收起到至关重要的作用。通过农业社会化服务，可以提高农业资源利用效率，降低生产投入和作业成本，提升农作物单产和农产品质量。这些都有助于降低农业生产成本并提高农业收益，从而达到农民增收的目的。

（4）农业社会化服务是构建现代农业不可或缺的一环。现代农业建设必须引进现代化生产要素。借助于服务组织的力量，以市场化方式将现代化生产要素合理输入农业，真正实现农户生产与现代生产要素的完美融合，这无疑是推动农业发展模式转变、高效利用资源的有效途径，促进农产品质量和农户效益的飞跃，进而提高农业竞争力。

二、农业社会化服务的发展重点

（一）农业市场信息服务

农业市场资讯服务的重要性在于满足农户的生产决策需求。通过完善的市场信息系统，利用准确有效的信息，引导农户适应市场需求，调整种植或养殖结构，做出理性的农业生产决策。此外，政府有关部门要定期发布农产品价格信息，以确保其时效性并使之易被农民获取；发布国内外农产品市场供需形势预测，针对市场热点进行深度剖析，预警市场运营风险，防范盲目从众现象和市场价格炒作；同时，也为农户和新型经营主体提供私人定制的市场信息服务，提升服务的针对性和时效性。

（二）农资供应服务

农业物资供应服务主要聚焦在良种研发、展示示范、集中育苗、标准化供种、用种技术指导等环节，为农民和生产者提供全方位服务。包括开发手机客户端平台，展示种子供求信息、品种评价、销售网点布局等数据，为农民提供科学选种、精确购种的参考依据。提供种子、种苗、畜种及水产苗种等的保存、运输等物流服务，满足农业生产的实际需求。推广兽药、农药和肥料的连锁经营、区域性集中配送服务，方便农民购买。另外，青贮饲草料收储、优质饲草料的收集、精准配制及配送服务也是重点。针对渔业养殖户，提供冰、水、油、电以及冷库、水产品运销等配套服务。

（三）农业绿色生产技术服务

农业绿色生产技术服务致力于实现绿色高产高效的农业生产方式。重点在于深耕土地、深松土壤、秸秆还田等田间作业服务，综合应用各类绿色高产高效技术模式，指导农户采用测土配方施肥、有机肥取代化肥等减量增效的新技术，推进肥料的统一供给与统一施用服务，迅速推广农业节水技术，例如喷灌、滴灌、水肥一体化等。推广绿色防控产品，如高效低毒农药、高效大中型机械、低容量喷雾、静电喷雾等先进的施药技术，实现病虫害的统一预防管理和全程绿色防控。鼓励各类主体如动物防疫服务组织、畜禽水产养殖企业、兽药生产企业、动物诊疗机构和相关科研院所等，提供更专业的动物疫情防治服务。

（四）农业废弃物资源化利用服务

鼓励专业服务机构积极参与病畜禽尸体的及时收集与处理工作。针对养殖业分布较为集中的区域，实行分散收集与集中处理利用相结合的策略，同时进一步构建畜禽养殖废弃物的收集、提炼、使用三个层级的服务网络。针对畜禽粪便的清理及再利用，引入受益者支付费用的机制。此外，技术与设备的研发，如残膜捡拾、残膜分离等，也是重要任务。积极推行生产者责任延伸制度，由地膜制造商供应地膜，并协调地膜的回收。关于秸秆的处理与再利用问题，提倡采用多种方法，如青（黄）贮、膨化、裹包微贮、压块（颗粒）等。通过政府购买服务或政府与社会资本合作等形式，培育一批秸秆收储运社会化服务组织，并引导其发展成为可市场化运营的企业，实现秸秆资源的全面循环利用。

（五）农机作业及维修服务

主张将农机服务领域从传统的粮棉油糖作物逐渐扩展至特色作物和养殖业，并将服务环节由主要覆盖耕种收阶段拓展到农田植保、秸秆处理和产地干燥等整个农业生产流程。在此基础上，塑造出规模适度、布局合理、经济便利且专业化程度高的全新农机服务格局。鼓励服务提供方借用全国"农机直通车"信息平台来提升跨区运作效率，加速推广基于北斗导航系统的农机物联网技术，包括作业监测、远程调控及故障诊断等。对于农机贷款（金融）租赁活动，建议将其作为新的突破口进行推广。在适当地点建立农机安全应急救援中心和维修中心，引入农机合作社维修车间和农机企业"三包"

服务网点作为核心纽带，推动专业维修节点的升级转型。在具备条件的区域，鼓励农机服务组织以及农村集体经济组织建立起集中育苗、集中干燥和农具储存等基础设施。在粮棉油糖作物主产区，借助于农机服务组织的力量，成功创建一批"全程机械化＋综合农事"服务中心，为农民提供全方位的农田服务。

（六）农产品初加工服务

支持农户进行农产品的初加工工作，包括存储、烘干、挑选、分级和包装等，以提升产品的商品转化率。在农产品保存和运输方面，强调农业冷链系统的构建与升级，推广先进的贮存技术，如常温存储、机械制冷、气调贮存以及减压贮存等。通过教育培训，提升服务组织的食品储存技术，鼓励多项农业活动在一个库房进行。针对不同地域特点，推荐使用热风干燥、微波干燥等技术和设备，改良燃煤通风和除尘技术。在适宜采用太阳能和热泵技术的地区，建设大型智能干燥中心。根据农产品交易中心、主要公路和位置等因素，选择合适地点进行农产品的存储、烘干、清洁、分类分级及包装等初加工设施整合，打造各类农产品的加工中心，以提供高效率和高品质的服务。

（七）农产品营销服务

提供农产品的质量鉴别、精选和配送，包装管理，信息技术服务，自动化交易、电子货币结算和产品品质查验等全面服务。健全农产品物流系统，推动农产品超市与农村的直接对接，利用农业展览会进行广泛而深入的商品销售洽谈，拓展农产品销售渠道。积极推进农产品电子商务的发展，鼓励各种交易方式，实现农产品的在线和实体零售的有机对接。有资质的专业团体被授权组织农产品质量安全检验检测，推动农产品质量检测结果的互相认可，推动基层农产品质量安全监督机构提供可追溯的服务，指导生产经营者完成主体注册、信息收集、产品标识、扫码交易以及发行农产品合格证书等。

第四章 现代农业信息化建设

第一节 农业信息资源建设

一、农业信息资源建设的意义

（一）信息资源是现代社会的重要资源要素

工业文明给予人们物质资源，而信息文明则赋予人们丰富多样的信息资源。这些资源被视作生产中的核心要素，对其他元素如劳动者、劳动工具、劳动对象、科技、教育到管理等各方面产生深远影响。信息已升级为重要的资源和财富，成为了现代社会经济建设与发展中必不可少的关键要素。

（二）信息资源建设是信息体系建设的战略需要

信息体系建立主要体现在三大层面：信息基础设施建设、信息资源组织与应用系统研发。其中，信息资源的组织既为大量的信息设备注入了实质性的价值，同时也为各类应用系统的实施提供了必要的基础条件。经过多年的发展，我国的通信网络与农业信息平台等基础设施建设取得了明显进步，但信息资源的建设却略显滞后。为了确保我国农业信息体系的全面和均衡发展，必须全力推进农业信息资源的建设，同时还需制定具有前瞻性的农业信息资源发展策略，努力朝完备化、系统化、数据库化、网络化方向前进。

（三）农业信息资源的建设和开发是农业信息体系建设的关键因素

在面临自然和市场双重威胁的农业行业，农业信息资源显得至关重要。面对大量复杂的农业信息资源，包括农作物现状、病虫害防治、农业技术推广等各方面的信息，从中筛选准确、及时的农业信息极为重要。农业信息化资源的建设对推进农业现代化改革进程以及实现可持续发展具有重大作用。

二、农业信息资源建设的基本原则

（一）统一规划、共建共享的原则

我们需要坚持以下几个农业信息资源建设的基本原则：

1. 统一规划、共建共享原则。

2. 立足基层、统筹兼顾原则。

这些原则涵盖了从中央到地方、社会各界以及各个相关领域的参与，尤其要注重农民群体的需求和经验，以及各级政府和涉农企业等的信息需求。整个建设流程包含信息收集、筛选、传输、汇总、分析、整理和研判等阶段。由于各阶段环环相扣，缺一不可，信息资源建设应严格遵循统一规划、标准及建设原则，从而保证体系的健全和协同发展。

（二）分阶段、分层次建设原则

农业信息资源建设是一项庞大的工程，涉及范围广泛，需要大量资金投入，无法一蹴而就。因此，必须遵循先易后难、分阶段、分层次、由浅入深、逐步推进的原则。同时，应强调实践与理论相结合，实现建设与应用并重。应避免重复建设，充分利用现有信息资源结构，通过扩充、改造、完善、优化和整合等方式，有重点地稳步前行。首要任务是建立满足农民需求的农产品市场行情、农产品供求以及农业适用技术等信息系统。

（三）统一规范、统一标准的原则

农业信息资源建设的核心目标在于实现信息资源的全面共享。为了实现信息共享，必须确保信息具有规范的接口和统一的技术标准。然而，农业信息资源面临诸如空间、时间分布不均匀、信息内容繁杂等问题。因此，为了获取即时、精确且可共享的农业信息，必须严格遵循规范和标准，在每个环节（包括信息的收集、筛选、传输、分类、整合、反馈和发布等）都要贯彻落实。

（四）科学性与可操作性相结合的原则

先进的科技力量和全球顶级水平的设备是农业信息资源建设所必需的工具，只有通过不断创新，才能保持技术领先地位。

三、我国农业信息资源建设发展战略影响因素

（一）用户需求是信息资源开发的直接动力和方向

在进行信息资源开发的过程中，始终要坚持需求主导思想。要尽可能满足客户的需求，打造出符合要求的产品，提供全方位的服务。这是发展农业信息资源的重要标准。农业信息的使用者主要有农业从业者、学者专家以及管理人员。他们的信息需求不仅受到社会角色和生态环境的影响，也受到各自特性的制约。

自 20 世纪 90 年代起，中国农业经历了一场前所未有的改革：从简单的生产活动转向商业化、专业化和区域化，对资金和技术的依赖度越来越高；国际化程度大大提高，农药超标现象屡见不鲜，使得农民对于风险的认知逐渐深化。这些变革引发了人们对农业和农村各类信息需求的渴望。具体表现在以下几个方面：

（1）从被动反映农产品市场供求及销售状态，转向对更具预见性的信息的关注。

（2）需要大量差异化信息，涵盖各种不同的种类、品质、收获时间以及种植技术等，还要包括价格、地理分布和销售渠道等详尽信息。

（3）农业投入应与地区资源紧密结合，满足适应农业地方发展特色的信息以及生产决策引导信息，特别是那些涉及新技术和新品种的实用且具有指导意义的信息。

根据以上新的农业农村信息需求趋势，制定农业信息资源的发展战略。

（二）农业信息基础设施状况

基础设施状况对定向挖掘与高效利用产业资源有至关重要的作用，尤其是网络技术水平、个人电脑普及度与公共信息服务体系的成熟度，是实现农业信息策略不可或缺的因素。国家正致力于迅捷地越过网络传输的"瓶颈"，加速打造具备强大存储能力、先进科技含量、敏锐反应速度及坚固安全保障的基础设施架构。依循三网融合原则，稳步推动电信网络更新换代，形成集语音、数据、图像于一身，宽连接、高速率的公共信息平台，以全面满足基本通信乃至多元化多媒体业务的需求。政策导向下的政企连线、家庭互联等运作方式，必将推动各行各业、不同类别、多个层面的信息化进程。

（三）农业信息环境分析

农业信息环境对于信息资源开发的规模及主体起到决定性影响，直接决定了资源供需对接的效果。从总体上看，农业宏观信息环境涵盖了诸如信息市场发育程度、国家信息政策、文化教育状况、社会环境等众多方面。

（1）信息市场的成熟度与社会信息资源的开发水平、满足用户需求的程度密切相关。市场越繁荣，各类经济组织获得外部信息来源就越广，信息资源共享的整体水平越高，显著降低了自建信息系统的建设成本，加速了信息化的实施进程。

（2）国家信息政策和法律法规能够有效引导企业内部信息环境的发展，同时对外部信息市场的规范化运行进行监管，推动全社会积极参与，从而全面提升国家信息化的水平。

（3）文化教育环境对信息技术人才的培养至关重要，这会间接地影响信息资源的种类及其发展方向。

需要特别指出的是，我国农业信息市场需求极为辽阔。由于缺乏科学决策知识，许多农民在看到别人赚取财富时便盲目跟随，由此造成了国内农产品价格波动。随着不断经历亏损，农民逐渐认识到正确信息对于增加收入的关键作用，于是他们成为了农业信息市场的主力消费者。全国约 9 亿农民，农业信息需求潜力巨大。

然而，我们也不能忽视我国农资信息的迅速发展。近些年，随着互联网的普及，各式各样的农业网站如雨后春笋般涌现。然而，由于中国农业信息市场还处在萌芽期，迫切需要政府出台切合实际的政策法规及操作程序，规范信息产品的生产销售，以保证农业信息市场的健康发展。

第二节 农业信息服务的平台功能设置与运行模式

一、农业信息服务的运行模式

为了有效缓解"三农"问题，农业信息化建设无疑是基础性举措之一。面对农业生产中普遍存在的信息不对称现象，构建科学、高效、实用的农业信息服务体系成为当务之急。该体系不仅对农民在实施农业生产全过程的操作指导起到至关重要的作用，连同农业企业、农产品贸易商乃至农产品加工企业在内的诸多参与者都将从中获益。在运行模式上，政府机构负责非营利性质的公共信息服务，而企业则利用市场机制推销信息服务产品。

（一）以政府为主导的公益性信息服务运行模式

以政府为主导的农业信息服务属于公益行为，由各级政府直接出资并监督农业信息服务品质。在这种模式下，建立符合本地农业经济特点、具有地域特色的农业信息收集、处理及传播体系尤为关键，其中各类农业信息机构是必不可少的核心。

1. 政府主导的农业信息采集方法

（1）充分利用现有的信息网络作为首要信息渠道。具体途径包括：在各个省份设立省级农业信息中心，市级和县级同样设立对应的农业信息中心；同时，设立乡镇农业信息收集站点，村委则配备农业信息员。各乡农业信息收集站的任务是整理、分析村级信息后上报给县级农业信息中心，再汇总上报到省级农业信息中心。

（2）农产品市场无疑也是获取信息的重要源头。由于农产品市场具有强大的集散功能和广泛的影响力，可以快速把握各类农产品的供应和需求动态，进而有利于调整农业结构。为此，农业信息平台应对各大农产品批发市场以及生产、加工、营销企业单位进行网络覆盖，定时发布各类农产品在批发市场的最新交易数据及价格走势。

（3）互联网、广播、电视、报纸等媒体资源也是获取信息的途径，这些途径有助于及时掌握国内国际的农业政策、技术动向、市场变动等资讯，紧跟时势发展。

2. 以政府为主导的农业信息传播方式

农业信息化服务对象分为两大阵营：首要受益者如农场主、农业生产企业、行业协会、农贸市场、农村信息中介服务机构以及农业经纪人等，他们对于信息需求较高；其次是数量更为庞大的普通农户群体，他们具备一定的信息接收能力。据此，需要根据不同受众群体的实际需求和接受度来选择信息传播途径。以下将分别指出四个可能的实施路径：

（1）利用互联网开展农业信息传播。互联网因其海量资料、高频更新的特性及便捷检索功能，使之成为高需求和具备上网条件农户的首选平台。目前，省级农业网站已经创立并且在各个市县设立了专项农业信息网站。类似于网上农博会、一站通等功能性系统已被证明为成功的传播模式。县级农业信息网站致力于推广地方农业动态，这正是广大农民关心的话题，尤其是那些只存在于当地的信息，更需要县级网站去传达。所以，县级农业网站在整个农业信息传播体系中具有举足轻重的地位，要确保它们能高效运作。

（2）依托县级以下农业信息服务站点的优势，建立专业化的团队负责全面整合和编辑资料，为农户提供全方位的资讯服务。此项内容主要涉及地区农业市场波动状况、农产品供需来源等重要信息，同时也包含与农业实际操作息息相关的技巧以及优质种子推介等信息。

（3）打造以农业技术诊断办公室为主的互动平台。通过与科研院所、大专院校的紧密协作，以乡镇为单位设置农业技术诊断办公室，持续聘请农业专家解决农民生产过程中遇到的技术、产品加工、企业管理、市场推广等各类问题。

（4）积极推进"四电合一"策略的落实。运用互联网捕捉丰富的信息成果，拓宽农业资源库；将其融入电话以及电视语音系统并制作相关的电视节目，然后通过电话语音系统为农民提供远程咨询服务；最终以电视资源为主体，围绕重点议题制作并推出电视节目，提升服务精准传达的效率。

（二）以企业为主导的有偿信息服务运行模式

在推动政府主导的农业信息服务体系建设过程中，通过引入民营资本和提供政策扶持，促进农业信息服务企业的发展，从而满足农民群体对专业化农业信息的需求。这种模式旨在培育具有影响力和能力卓越的农业信息服务企业，使其专注于农业信息的采集、整合、筛选、处理与传播的综合业务。

特定农民群体，如农业大户、特定行业从业者以及部分普通农民，对于深度农业信息的需求较为明显。这些农民需要获取包括专业技术、详细的市场分析以及科学的农业管理知识在内的高质量信息，以指导其农业生产和经营决策。因此，他们可以通过付费方式从农业信息服务企业获取所需的农业信息服务。

农业信息收费服务主要包括三种模式：

1. 信息咨询公司提供信息服务模式

农业信息咨询公司的信息采集策略包括以下三个方面：

（1）公司聘请专业的农业信息员，负责每日浏览国际、国内以及省内各大农业信息站点，以获取所需资讯。

（2）公司与下级县市级农业信息站点密切合作，共享基础农业信息资源，确保信息的及时获取和更新。

（3）公司与省内各大型批发市场合作，建立信息网络，并要求市场管理员通过网络即时传达市场动态至公司信息中心。

农业信息咨询公司信息传播手段包括以下三种途径：

（1）直接面向农户提供农业咨询服务，主要目标是协助农民增加收入，但需注意农村整体经济条件相对欠佳，因此服务对象主要集中在规模较大的农业投入者。

（2）为农业中介组织提供准确、实用的信息支持，并协助其将信息传达至需要的农户。

（3）协助农业信息站点为广大农户提供信息服务，特别适用于帮助解决某些普遍存在的地区农业问题以及制定地区农业发展规划。

2. 第三方物流公司和农业信息咨询公司合作的信息服务模式

在传统的自营物流模式下，农产品供销双方的关系复杂程度高，造成物流配送的规模小且分散，成本高效率低，无法保障物资运输的可靠性。因此，农业物流发展的趋势在于强化行业分工，依赖专业化的第三方物流企业来主导农业物流的未来。在这种趋势下，农业信息咨询机构可与实力雄厚的第三方物流公司紧密合作，共同建设信息共享平台。借助这些企业的资源优势，及时获取国内外各类农产品市场动态，弥补农业咨询机构在信息收集上的短板。当农产品第三方物流模式趋于成熟时，参与者将积累长期稳定客户，确保配送农资种类和数量的稳定性。在此基础上，农业供应商按订单组织农业生产，消除了盲目决策，实现了由订单驱动的农业生产模式，既提高了农民收入，也有利于农业产业合理化调整。

以该信息服务模式为例，信息采集环节基本沿用了传统的农业信息咨询服务体系；而在信息交互层面，则选择发挥农业信息咨询机构较大的数据处理能力和海量信息的优势，用来丰富自身信息库。这一模式不仅提高了农业第三方物流企业对农业信息的利用效率，也填补了农业信息咨询机构在数据来源上的空缺，进一步提升了信息服务质量，有助于整体农业信息服务体系的顺畅运行。

3. 以电信运营商为主体的农业信息服务模式

有效解决农业信息化服务问题的核心在于突破经济环境以及信息科技水平对信息传递的限制，确保农民能够便利地接收到各类信息。基于这一观点，通信产业的优势在于其强大的信息网络基础和充足的资金力量，有助于实现农业信息的高效传播。因此，可以借鉴这一模式，推进农业信息化服务的实施。

（1）通信产业的农业信息收集策略。通信产业的主要竞争力在于信息传递，农业的信息化服务并非主体业务，因此通信企业并未建立全面性的信息采集系统。建议通信企业与农业信息网站及咨询服务公司合作，通过相互支付费用来获取必要的信息。

（2）电信运营商的农业信息宣传方式。电信运营商可通过短信发送形式，将农业信息传递至广大普通农户。用户可以通过互联网或者手机定制农业相关信息，包括农产品供求、市场价格等多项内容。此外，每月支付固定费用，便可定制特定类型的农业信息。由于手机在农村也已普及，加上简单易行的短信定制方式，相信在未来相当长时间内，这都将是农业信息传播的重要渠道之一。

（三）不同农业信息服务模式的比较

为了优化农业信息服务系统质量，并满足多元化的用户需求，各种适宜的农业信息服务模式在实际应用中发挥着重要作用。本节将对各类农业信息服务模式的信息产品、适用人群等进行详细剖析比较。

农业信息网站服务模式信息覆盖面广，涉及各层级农业资讯。主要服务对象为大规模农业种植养殖户、农产品龙头企业、农业经纪人以及有条件上网的农户。县乡级农业信息服务站点则偏重展示地方农业市场动态、农产品供需状况、农业生产技艺和优良品种等信息。这种模式主要面向农村种植养殖普通农户。对于农业科技咨询单位而言，其提供的服务信息涉及农业生产技术、农产品加工经验和市场营销策略等多个领域，主要服务对象是大型农业种植养殖户、农产品龙头企业、农业经纪人和广大农户。

"四电合一"模式融汇了全方位的农业信息元素，其服务对象极为广泛，凡有农业信息需求者皆可成为其客户。专业的农业信息咨询服务机构则提供农业市场研究、分析、预测报告，以及农业技术知识和管理知识等服务，主要服务对象是大型农业种植养殖户、农产品龙头企业、农业经纪人等。

另外，通信运营商的服务模式以贴近农村经济生活的种苗、肥料、农产品供求、市场价格等信息为主导。该模式主要致力于服务广大农民和农业经纪人等利益相关群体。至于第三方物流公司同农业信息咨询服务公司的联手模式，他们的服务内容和适用人群与前两者相似，服务内容包括专业化的农业市场研究、分析、预测资讯以及丰富多样的农业技术信息和先进管理知识。

二、农业信息服务平台设计原则及功能

我国农业信息服务平台作为农业信息服务体系的关键环节，对于推进农业信息化和现代化具有举足轻重的作用。然而，当前国内大多数平台仍面临着资源整合效率低和服务效果不佳等困境，对此有必要更新我们的农业信息资源整合观念，创新信息服务模式，深入了解并满足广大使用者特别是农户群体对农业信息的核心需求，找寻突破上述难题的必经之路。

据大量调研分析，农户最急需的农业信息主要包括农产品市场行情、优良农作物品种资料、农业先进技术以及针对性的病虫害防治方案等方面。据此，应关注且利用农产品产业链这一基础通路，打造农业信息间的紧密链条。

目前，构建并实现各类功能的技术手段已较为完善，提供的信息查询、发布、电子商务、品质追踪等服务均可实现。尽管如此，核心挑战在于建立高效的信息联动，以提升平台功能的实际价值和易用性。鉴于此，建立科学合理的信息衔接传导机制应当是未来研究和改善的重要方向。

（一）平台的设计原则和目标

1. 基本原则

在农业信息服务平台的创建过程中，我们优先考虑实现农业信息服务整体战略目标，注重建立农业大数据平台的优势，全力以赴为用户提供全覆盖的信息服务，从而推动农业信息化和农业现代化。相关关键设计原则包括系统性、易用性、实用性、稳定性及可扩展性等因素。

（1）系统性原则解读。在平台可行性研究和初步设计阶段，需深度理解农业信息资源的互动关系，分析平台功能配置和数据库开发的匹配程度。依据精准的农业产业链理论，精细梳理并卓有成效地整合平台信息资源，结合农业产品特性和类别特征，战略性地规划和设计平台功能、栏目的布局和数据库的搭建，使得平台运行更具逻辑性，避免因为追求单一功能而导致的模式堆砌。

（2）易用性原则阐释。为了提高平台的用户满意度，吸引稳固的用户群体，农业信息服务平台要依照各类型用户的使用习惯与信息需求，精心定制平台的栏目格局，打造有条理的栏目分类、层次和风格。同时，着重加强平台的操作指引，让用户不再受到盲目操作所带来的困扰，保证用户能够迅速找到所需的农业资讯，愉快享受信息服务。

（3）实用性原则剖析。平台设计始终专注于满足用户的切实农业信息需求，针对用户在信息获取方面的独特习惯，帮助用户筛选处理各种农业信息，以最合适的方式推送至用户。平台要在提高信息利用效率的基础上，将信息的价值发挥到最大，让信息资源真正成为服务于民的利器，而不是只停留在发现阶段。

（4）稳定性原则说明。鉴于农业信息服务平台面临的广大且多样化的用户群体，其访问路径和遇到的访问条件千变万化，因此，平台必须对运行环境的复杂性和潜在问题做准确预估，通过不断改进平台代码，致力于防止功能模块的冲突以及系统故障，保障平台的稳定访问和稳定运行。

（5）可扩展性原则揭示。由于用户信息需求的不确定性和信息科技的飞速更新换代，农业信息服务平台要拥有良好的自我调整和升级潜能。这就需要科学合理地规划平台框架，以先进的视角来设计现有的平台体系及其相应接口，确保只要具备相应的技术条件和用户需求前提，便能提升信息服务平台的系统性能，保障平台的持久运营。

2. 目标

（1）应立足于农产品展开工作，以利于农业信息资源的有效整合与协同作业。鉴于国内网络信息资源过于庞杂，构建信息服务平台的首要任务便是解决这个困扰，加强农业信息的组织化，提高资源利用率。目前，各地区的农业信息服务平台虽然积聚大量信息，却因整理无序，导致信息服务效果不佳。为此,必须优化平台资源组织流程,整合散乱的农业信息资源,提高服务质量。建议依照农产品类别对信息进行分类,结合农产品供应链架构,对样本数据进行精确化处理,以增加信息间的联系性。如此一来,在获取某种农产品信息的同时,用户也可查询与其相关的所有环节信息,实现信息资源的整合共享。

（2）以信息整合作为基础,实现农产品市场供求关系的平衡。产品供求关系是市场运行的基础,均衡稳定才能实现经济效益最大化和保障各方权益。然而,由于农产品市场供求信息的明显滞后及生产引导不足,使得不少农户盲目跟随生产,导致生产与需求失衡。在生产层面,农户常凭借个人经验决策农产品产量与规模,陷入困难境地;在销路方面,盲目生产导致农产品价格动荡不定,市场秩序混乱不堪。为此,农业信息服务平台应整合农产品供销信息,为买卖双方提供精准完备的供求动态资料。这将有助于促进消费者做出明智选择,帮助农民合理规划生产,最终实现供需平衡,确保各方权益不受损害。

（3）基于信息服务平台,引领农业电商的蓬勃发展。电商作为新崛起的商业模式,凭借其丰富的产品供应、交易时间灵活、多元便捷支付手段以及优惠价格策略,吸引众多消费者。然而,农产品电商的发展仍显得滞后。主要症结在于农产品固有的特性以及农民团队整体素质有待提高。相比普通商品,农产品最大的卖点在于亲身体验。消费者仍偏好实地购买,不愿涉足虚幻的网购世界,这无疑制约了农产品电商市场的扩大。因此,政府应借助农产品信息,搭建功能全面的农业信息服务平台。不仅如此,还应实施双重手段,对农产品信息进行严苛筛选,确保数据的真实可靠。同时,引入质量监控机制和第三方支付系统,全面掌控电子商务交易全过程,消除消费者对农产品品质和供应商声誉的顾虑,增强消费者对于农产品电子商务的信任感。

（二）平台的运行和服务模式选择

1. 平台的运行框架

农业信息服务平台由三大层次组成:应用层、功能层与数据层。应用层主要负责用户交互,提供诸如注册机制、检索机制、信息发布及专家咨询等基础设施;功能层则整合各类功能模块,保障平台的整体运行;数据层主要负责提供农产品信息、行业动态、政策法规及服务资源等多种数据支撑,以确保平台稳定高效地运行。

2. 平台的服务模式

服务模式聚焦于农产品领域。用户可通过搜索特定农产品的相关信息，了解从农资供应到市场销售的所有相关环节。平台会根据不同种类的农产品，提供定制化的服务内容，涵盖生产流程管理建议、生产技术咨询、风险防控策略、政策解读和市场需求预测等多个维度。在此过程中，用户不仅能够获取到关于农产品特性、生产过程、价格波动及市场供需情况等详尽信息，还能享受到农产品性状判断、咨询农业专家、学习农业技术以及参与农产品电子商务等多元化的服务。用户可自由选定所需服务项目和获取信息的途径，以满足个性化的服务需求。

（三）平台的服务功能设置

1. 农业信息推送功能

农业信息服务平台的核心服务之一是定制化推送服务，旨在满足用户多元化的信息需求。通过深入剖析市场需求和发现潜在信息需求，平台利用智能配对技术，将农业信息细化为多个类别，包括但不限于农产品信息、农业科学技术、政策法规及农产品市场动态等。这项功能通过网络连接、电话沟通、短信配送等多种方式，将经过筛选的资讯准确地传递给用户群体。

2. 农业科技推广功能

农业科技推广服务是平台的重点之一，旨在协助广大农民解决农业生产中可能遇到的问题。通过深度解读、讲解和应用各类农业实用技术，平台努力提高农产品品质和生产效率。借助数字化教学资料和在线专家支持，平台制作各类农业实用技术教程，并通过信息服务系统向用户共享。用户可通过查询农产品信息获取所需教学资料，并向相关专家请教困惑之处。

3. 农产品电子商务功能

农产品电子商务是平台的特色之一，即通过整合广泛的农业信息资源，优化农产品供求双方的资源配置。严密的资格审查程序和便捷的在线支付体系确保了交易双方的权益，实现了农产品全过程的虚拟交易。平台主要采取现货交易模式和预约型交易模式。现货交易模式由采购方主动提出意愿，在平台进行精准配对，最终实现双方的贸易；预约型交易模式包括农产品预售与订单生产两个分支，预售是指生产方根据自身能力发布产品预售通知，订单生产模式则根据市场需求宣布需求信息。一旦订单成交，消费者通过平台支付系统完成交易。

4. 农产品质量追溯功能

农产品质量追溯功能在农业信息服务平台中具有重要意义，不仅有助于保障食品安全，而且作为平台各项功能特别是电商业务的基础设施，为农产品销售提供了重要支持。通过对食物源头的准确追踪，顾客可以深入了解农产品从生产至运输配送的所有细节，从而选择诚信度高且资质优良的供应商进行交易或建立稳定的长期合作伙伴关系。然而，为了确保农产品质量追溯功能发挥实效，每一个相关实体都必须肩负起责任。一旦发现质量问题，用户可以借助平台的追溯系统找出责任方，并要求相关责任方进行退换货等责任赔偿。如果问题并非来自上游实体，追溯系统将继续向上游环节追责直至找到责任方。

农业信息作为现代农业发展的核心动力，在农作物种植、畜禽养殖及经营等各个环节都得到了广泛运用，并在更新传统农业结构、激发农村经济活力、加快农业现代化步伐等方面发挥了关键作用。为了适应农业现代化并提升农产品生产效率，强化农业信息化水平，构建完整的农民信息服务体系势在必行。农民信息服务平台作为该体系的关键环节，承担着整合农业信息资源、平衡农产品市场供求、大力推广农产品电商以及有效传播农业技术等职责。因此，提升农业信息服务途径，保证其时效性具有重要意义。

第三节　农业信息系统的开发与建设

随着全球意识形态日益多元化和农产品市场逐步走向国际化分工，我国传统农业体系正面临前所未有的巨大压力。为了应对这一挑战，迫切需要借助现代科技推动我国农业数字化和现代化。信息技术的普及为农业创新发展奠定了坚实基础。作为 21 世纪农业领域的前沿科技之一，农业信息技术在过去几十年里迅速发展，已成为我国农业现代化发展的关键突破口，将深刻地影响我国农业的未来发展。

在早期阶段，农业信息系统常常被称为"农业专家系统"或"农业智能化系统"。这一系统是基于计算机技术，将农业领域专业知识和实践经验进行综合构建而成的。它的设计灵感源自人工智能科技与农业专家的知识相结合，通过智能推理和判断，模拟农业专家处理复杂农业问题时所采用的策略和方法。目前，这些系统已广泛应用于农作物生产管理、灌溉管理、肥料投放、选种优育、病虫害防治、温室维护管理、家畜家禽饲粮规划、水土流失治理、食品加工业、财务分析评估、农业机械设备选购等众多农业领域。

展望未来，随着农业行业的不断拓展，农业信息系统将朝着数据采集动态化、功能协同高效化、技术集成化和服务网络化方向发展，以满足现代农业发展的需求。

一、农业信息系统建设的重大意义

（一）农业生产者优化资源配置的需要

在计划经济体制下，农业资源的配置通常由政府决策主导，农产品的需求结构相对稳定，农户生产主要用于满足农村居民的自给自足需求。然而，随着我国农业发展战略的转变，国际国内市场逐渐成为我国农业发展的主要舞台。传统的按照预期市场价格来确定后续生产规模的蛛网模型假设已经不再适用于现阶段的农业生产者。在全球经济环境中，农业经营者需要重视市场营销情报、科研成果以及农业政策信息的作用，并密切关注国内外农业政策的走势和新动向，例如世贸组织对农产品贸易的最新谈判进展以及潜在的影响。这些信息对于农业经营者优化资源配置至关重要。

因此，农业信息系统的建设具有重要意义。它能够为农业劳动者提供及时、准确的信息，帮助他们更好地把握市场动态，优化资源配置，提高农产品的生产效率和质量。通过有效利用农业信息系统，农业劳动者可以更加科学地制订种植、养殖和销售计划，减少资源浪费，提高经济效益，实现农业的可持续发展。

（二）降低农业风险的需要

在面对自然环境和市场波动的挑战时，加强农业信息化体系的建设显得刻不容缓。市场波动常常导致农民在决策时因信息匮乏而不知所措，因此及时获取信息对于农民至关重要。当农民能够获得充足的信息资源时，他们能够做出更准确的投资和生产决策，从而减轻市场风险。因此，建立健全农业信息系统变得至关重要。

对于自然灾害而言，转基因生物技术的快速发展已显著增强了农作物对自然环境变化的抵御能力，例如对寒冷和害虫的耐受性等，这为解决自然风险提供了强有力的支持。此外，建立农业信息系统还将缩短农业技术供应和需求之间的时间滞后性，加快了农业高科技的商业化进程，进一步降低了农业遭受自然灾害影响的可能性。

（三）提高农产品市场竞争力的需要

在当前经济全球化的大背景下，农业发展的关键在于提升农产品在全球竞争中的地位。农产品在全球市场的竞争力主要涉及价格、质量和声誉等多个方面。为实现这一目标，建立健全高效实用的农业信息化体系显得尤为重要。

（1）完善实用的农业信息化系统能够显著提升农产品的价格竞争力。通过该系统，农民能够了解农业投入品价格、农产品市场形势变化以及国内外农业政策等相关信息，更清晰地认识到自身的优势，实现资源有效分配，进一步提升农产品在价格方面的竞争力。

（2）完善的现代农业信息化系统可以提升农产品的质量竞争力。系统中包含了国内外各类农产品品质标准及其变化趋势等重要信息，使农民能够轻松获取并将其作为生产的指导依据，从而提高农产品的质量竞争能力。

（3）优秀的农业信息化系统有助于强化农产品的声誉竞争力。良好的声誉能够带来显著的经济效益，而网络贸易则有助于农产品贸易在国际市场中建立良好的声誉。这也是构建农业高新技术产业体系的重要支撑力量。

（4）良好的农业信息化系统将有力推动农业高新技术产业化的进程，从而提升农产品在品质和价格方面的竞争力。这包括农业科技创新和农业高新技术产业化对农产品质量和价格竞争力提升的重要作用。

尽管农业高新技术产业化可能给小规模经营农户带来一些挑战，但有了完善成熟的农业信息化系统，就有可能缩短农业高新技术供应商和种植户之间的距离，降低产业化风险，提高农业高新技术产业的发展速度。

（四）政府正确决策的需要

目前我国经济实力已经取得了显著提升，然而由于庞大的人口基数，农业在整个国民经济体系之中仍占据至关重要的位置。在我国正式加入世界贸易组织（WTO）之后，尽管受到 WTO 农业协议的严格规定，政府对农业的支持和保护仍具有相当大的干预范围。政府对农业的投入目标集中于提升农产品的国际竞争优势及农业整体生产效能，为了保证这一宏伟目标能够实现，政府在对农业进行支持和保护的同时，必须紧跟瞬息万变的国内外农业发展环境，从而最大化利用有限的财政资金并保证其有效性。

二、农业信息系统的功能和组成

农业信息化就是一场科技革命，利用众多尖端计算机技术，如网络通信、数据库、多媒体与人工智能，构建出全新的农业信息系统，以此保证各类农业信息及相关知识的及时获取、精准处理、高效交流与合理运用。这种变革正在引领传统农业走向现代农业，极大地提高了农业生产效率和科学管理水平。更为重要的是，它推动了农业和农村经济可持续、稳定且高效地发展。

信息系统指的是利用计算机来集合、处理、传达和使用信息，其核心目的在于提供有价值的信息服务。在诸多方面都有涉猎的农业信息系统中，依照管理工作和功能组织的区别，大致可划分为三个发展阶段：初级、中级和高级。初级系统亦称为电子数据处理系统，中级系统即为管理信息系统，高级系统则为决策支持系统。如今，农业信息系统的进步趋势主要体现在系统的高度集成化、信息化的多元化以及功能的智能化。

从农业现代化的角度而言，农业信息系统的核心功能在于向农业从业者传输各种实用的农业生产知识、先进的农业科学技术以及农业经济信息。尤为关键的是，此系统还能为各层次的决策者和生产人员提供丰富的信息，帮助他们有效利用农业资源、全面监控农业活动并深入挖掘农业科技的潜能。

农业信息系统的核心功能在于利用信息化工具，为农业生产运营者及管理者提供精准的决策指引与支持，涉及施肥比例优化、品种优选以及病虫害防治等内容。具体实施方式包括为农民提供专业建议，同时为农业管理层提供关于农业结构调整和灾害预警等决策依据。

建设农业信息系统具有深远意义，主要集中在三大方面。

（1）它能够帮助广大农业生产者制定更为科学严谨的产销策略。

（2）能够为政府农业主管部门提供高效优质的决策咨询服务。

（3）对于加速农业高新技术产业化起到促进作用。最终目标是要提升国家整体农业生产力，增强我国农业在全球市场竞争中的优势地位。

农业信息系统主要由以下四个子系统组成：

（一）农业政策信息子系统

农业政策在引导农业发展中起关键作用，决定了农业生产的方向。现今市场经济环境下，农业生产者的正确投资决策至关重要，这依赖于对现行农业和农村政策的深入理解以及对政策走向的把握。故而，农业政策信息子系统的主要职责是实时、准确地传递农业及农村政策的相关信息。

（二）农业科技信息子系统

农业可持续发展及农产品在全球市场竞争中的优势地位，都离不开农业高新技术的产业化。然而，农业高新技术的高风险特性常成为影响其实际运用的瓶颈。我国的农户数量众多，大部分为小型农户，面临农业生产风险的能力较为薄弱。此类风险不仅仅源于技术的不稳定性，更多的是因为信息双方资源不对称所致。因此，建立农业科技信息子系统，定期发布关于农业高科技的最新科研成果、应用潜力、获取渠道等有关信息，能有效提升农户对农业高新技术的认知，推动农业高新技术产业化进程的发展。实际上，农业科技信息子系统是对传统农业技术推广手段的有益补充。

（三）农业投入品市场信息子系统

农业生产者的收益稳定性与农业投入品质量及价格存在紧密联系。随着科技不断进步和全球化的持续深化，农业投入品市场行情波动剧烈，新型替代品不断涌现，这导致生产者对其格外关注。若建立农业投入品信息子系统，使农民能够方便获取商品品质、使用环境及价格等多元化资讯，对于引导农民进行合理的生产投资分析具有重要作用。通过优化该系统，将有助于遏制当前农业投入品市场频繁出现的损害农民利益的行为，确保农民权益不受侵害。

（四）农产品市场信息子系统

在现代农产品市场背景下，传统产品和新品种之间的竞争，以及农产品品质差距、区域性价格差异和国内外价格差异等多种价格信息，是农业生产者充分利用资源、调整农业产业结构的重要依据。在全球化的背景下，农产品市场的波动一直是农业企业关注的焦点。在这一框架内，确保农民能够实时准确并且实惠地获得农产品市场信息，不仅有助于推动农产品市场的深化整合进程，更是奠定国内农产品竞争优势的基石。因此，建立高效完备的农产品市场信息子系统，全面覆盖农产品市场供需状况和价格走势数据，势必成为农业信息系统的核心要素。

三、农业信息系统建设的主体

建设全面、稳健的农业信息系统是一项具有挑战性的系统工程，需要各相关利益方深度合作与参与。为确保农业信息系统的稳定性及功能充分发挥，各级政府农业主管机构、农业企业、农产品市场运营组织乃至广大农民应共同成为建设的主力军，依据农业信息产品特性及用户需求对各参与方在农业信息系统建设中的角色定位进行明确。

（一）政府在农业信息系统建设中的主导作用

在市场经济环境中，市场机制无法完全覆盖的领域即为政府职责所在，农业信息系统便是典型案例。该系统规模庞大，建设周期长，受益范围广且信息产品具有公共物品特征，市场难以独自解决这些问题，政府的积极引导和参与至关重要。

政府的作用主要包括以下几个方面：

（1）支持具有信息服务功能的机构，如农业研究院所、高等院校、农业企业等享受税收优惠政策和资金补贴，以激励其在农业信息系统建设中发挥更大作用。

（2）进行科学规划，兼顾各方利益，有效地整合农业信息系统，确保系统的协同运作和高效性。

（3）实施严格的监管措施，以确保提供的信息真实可靠，符合时间要求，并保障用户的权益不受损害。

（4）邀请国家权威部门和权威专家进行系统全面、规范严谨的市场调研，并通过公开渠道向广大农户共享研究成果，提升信息的可信度和普及度。

（二）农业龙头企业是现阶段农业信息系统建设的中坚力量

作为农业生产领域的引领者，农业龙头企业肩负着引导与示范地区生产的重要使命。它们不仅需要拥有强大的市场信息处理能力，还对市场信息产生着重大的影响。因此，农业龙头企业的信息系统已成为构建农业资源与市场经济之间连接的关键环节。

（三）农产品市场组织是农业信息系统标准化信息的主要提供者

随着市场经济的不断完善，农产品专业市场、批发市场以及拍卖市场逐渐壮大，其运行日益规范，成为市场体系的重要组成部分。这些市场所提供的农产品质量标准、交易数量及价格等数据为农业信息系统提供了宝贵的市场信息资源。因此，有必要强化这些中介机构的价格形成机制和透明度，使其能够融入农产品信息系统中。根据国际经验，建立面向特定农产品的市场组织系统具有巨大的商业价值和推动农业发展的积极效果。

（四）农户在农业信息系统要充分发挥信息反馈作用

我国农民数量超过 2.4 亿人，其生产的农产品在农产品市场中占据着主导地位，并且预计在可见的未来，这种情况将基本不变。尽管单个农户难以提供具有公共性质的农业信息，但他们在接收与使用农业信息方面为改进以往错误信息或填补信息漏洞贡献较大，进而激发新的信息需求。因此，农户在农业信息系统建设中是一个重要的贡献者。

第四节 农业综合服务平台建设

一、农业信息服务平台现状

随着我国农业信息化建设的不断推进，以信息中心为依托的协作机制得以建立，基层社区也被纳入服务范围之中。迄今为止，全国已经采集和发布了各类农村政策、生产动态、供需关系、价格变动、科技创新、自然灾害、疾病疫情以及农民收入水平等多样化的信息，形成了对农业及农村经济全方位的信息收集体系。在此基础上，我国已经建立了许多国家级或区域性大型数据库，自主研发并广泛应用相关信息处理工具及服务软件。值得特别注意的是，农业信息服务网络已深入到基层。农业农村部中国农业信息网作为农业信息服务平台的核心，通过整合各领域的专业资源，构建了具有高度针对性的中国农业信息网络体系。其中包括批发市场价格走势、农产品供需状况、科技教育、种植养殖业、畜牧兽医、水产业、农垦企业、乡镇企业、农机推广、饲料工业、农产品质量监督、绿色食品等多个子站点。

针对信息化进程中的挑战和困惑，许多专家学者从不同层面进行了深入分析，主要存在以下"三多三少"问题。

（一）农业信息网点、信息人员多，信息采集面和发布渠道少

部分舆论将这种现象称为农业信息化的"最后一公里"问题，即目前绝大多数农民缺乏必要的计算设备，甚至无法接入互联网，传统的信息传播方式受到了阻碍。实际情况源于城乡经济发展水平失衡以及二元结构的制约，农村经济尚未得到有效发展，消除"数字鸿沟"需要持续不断地努力。因此，我们不能仅仅停留在探讨信息化的层面，更要努力寻求技术突破，例如拓宽信息系统与农民间的互动途径，以此缩短农业信息化的"最后一公里"。

（二）网站作为信息发布平台多，作为应用平台少

当前，信息技术迅猛发展，各国均加强了信息基建投入。然而，信息资源建设尚未做好充分规划，现状是"重建设轻服务""重硬件轻软件"，这直接导致信息挖掘深度受限，更让信息系统投资回报无望。部分地区仅提供总结性数据，缺乏预测性及判断性的决策数据，拖累了信息服务向纵深发展，也无法精准传递预测信息，从而影响农民规避市场风险的反应速度。

（三）各涉农部门各自为政多，有效的信息资源整合与共享再利用少

经过长期耕耘，各类涉农单位建设了覆盖农业政策法规、农村宏观经济、农产品进出口等众多领域的大型数据库，并搭建起农业分析预测预警中心等。根据统计数据，目前已构建各类标准型数据库100余个。然而，此建设成果尚难匹配整体信息化进程，现存问题如下：

（1）资源开发建设成果与预期目标存在较大差距，有待改进的问题在于有价值的信息稀缺，信息结构未达理想状态，缺少指导性和权威性。

（2）获取资源的规范化程度不高，资源共享性相对较差。

（3）在市场信息的采集、处理和分析环节使用的技术手段相对较落后，相应的人力资源配备亦较为薄弱，这无疑给资源开发带来了先天不足的困境。

二、农业信息服务平台的意义

随着近年来乡村振兴战略不断推进以及各级政府和其他相关机构的积极推动，全国各地的乡村正逐渐从原本仅通电话的状态转变为全部通达宽带的

状态，甚至在某些地区，已经成功实现了光纤入村、宽带入户。这一进步意味着农村电信基础设施以及互联网的大幅提升，各类服务农业的优惠政策型网站也应运而生。值得一提的是，党员远程教育网在农村的广泛深入布点，进一步彰显了农村信息化建设的显著成就。

然而，尽管农村信息化进程蓬勃发展，仍需认识到其中存在的问题。虽然信息高速公路已经延伸至每一个村庄，但尚未完全跨越"信息鸿沟"，即尚未将大量网络海量信息真正传递给广大农民。在这一背景下，许多农村地区的网络信息并未真正抵达农民手中。尽管部分农民由于拥有良好的文化素质和经济实力，能够迅速利用网络获取农业和科技信息，但大多数农民，尤其是贫困地区的农民，并不具备使用和理解网络的能力。此外，由于经济条件、信息意识及电脑操作技能的限制，大部分农民无法负担得起、不了解，也不会利用网络资源，这反映了城乡信息不对称的问题尚未根本解决。即使在经济相对发达的农村地区，农民虽然会利用互联网进行娱乐活动，但在在线教育、电子商务、网上医疗保健和在线结算等实际应用方面，与城市相比仍存在巨大差距。因此，许多农业信息服务网站虽然存在，但信息内容更新缓慢、访问率极低、实际效果未能充分发挥。即便如此，农民仍主要通过家庭走访、人际交往以及收看电视、听广播获取信息；农产品主要依靠等待上门收购，而主动搜寻和发布供需信息对长期居住在农村的农民而言仍然十分困难。

在新世纪，农业信息化建设已被视为推动农业与农村转型发展的核心任务之一。在全球经济互动日益深化以及科技发展日新月异的背景下，我国已迈入工业反哺农业、城市资源向农村倾斜的崭新时代。因此，加速农业信息化建设显得尤为必要，这不仅有助于提升农业效率、增加农民收入及农产品的竞争优势，而且对统筹城乡经济社会协调发展，实现全面建成小康社会的宏伟目标都具有深远而重大的影响。

农业信息公共服务平台的构建旨在将广播、电视、互联网以及手机短信四大沟通媒介融汇为一个整体，以广泛传播农业种植品种选择方法、田间管理技术、病虫害防治技术，以及设施农业技术、禽兽养殖管理、防疫措施、农业物资价格、农产品市场供需信息、国家惠农政策、就业以及其他相关农业新技术和农业信息。这一举措无疑将有力地推动农业科技的发展，激发广大农民的科学技术创新意识，提高他们应用现代农业技术的能力，从而大幅提升劳动生产率，丰富农民的收入。同时，农业信息的顺畅流通也能对农业信息化起到积极的推动作用。

构建农业信息综合服务平台的目标是集合信息技术、创新思维技术以及传媒技术于一体，覆盖农业产业链各环节，为消费者提供覆盖市、县、区乃至深入乡村、户户皆通、全方位且高效率的农业高新技术信息服务。该平台将作为现代农业技术推广服务架构的重点支柱，加速农村现代化建设步伐，推进新农村建设规划的实施，促进农民丰产丰收，进而带动整个社会的繁荣与发展。

三、农业信息服务平台构建技术

（一）面向服务的 SOA 技术简介

现有的应用系统分布广泛，其中涉及的业务及数据庞大而繁杂，而且往往分散于各地。为了建立一个标准统一、功能完善、安全可靠的政务信息网络平台，我们必须寻求运用统一架构及遵守开发技术规范的应用与接入方案。已有各类孤立的初级农业信息，通过该平台，便能实现交互和分享；已完成的多元农业应用程序也能借助这个平台，以更高效的方式实现业务互访。这种平台便建构在面向服务（Service－Oriented Architecture，SOA）架构之上。

SOA 架构本质上是一种应用架构模型。根据实际需求，对资源进行链接的系统就是其定义。在此架构环境下，各种资源被视为可通过标准化渠道获取并提供的独立服务。相比传统系统结构，SOA 对资源间耦合力的要求较轻松灵活。服务层次则是 SOA 框架的核心理念，可以直观地被应用程序调用，以控制人为干预与软件代码之间的互动过程。

以重复使用性著称的 Web 服务作为主体综合技术，为 SOA 架构提供支持。不同于 Java、CORBA 和 .NET，Web 服务不是某一种特定的编程语言，而是一种满足多种硬件和软件平台的公开标准。以 TCP/IP 协议为例，任何应用开发平台只需支持一套适用的访问规范，便能够在各异构平台间实现各种应用的互联互通，因此应用 Web 服务，将可以轻松实现各种应用的整合。

利用面向服务架构 SOA 来搭建应用系统架构，关键在于：

（1）将各种政务资源转换成可输出的信息，例如数据信号和应用业务等。

（2）将这些已经转换过的 Web 服务按照不同的层次，分别在统一的 SOA 架构中设置。在这个已建立的架构中，低层的服务就像是高层服务运作和实现的基础。举例而言，在上层，应用服务能够统一获得与下层复杂数据相连的数据访问接口，并且可以通过结合多种独立应用服务来创建新的复杂业务。

（二）SOA 的架构优势

借助 SOA 架构成为农业信息基础设施的统一模型，能在未来农业信息化发展过程中发现诸多难以忽视的技术与业务优势。

1. 基于开放式标准的全面采用

SOA 架构构建于一系列开放标准和技术之上，这些标准得到广泛传播和应用。开放标准确保各类应用在不同平台间的顺利交互与联通，使得现有及新兴应用具备开放性质。所述标准的系统设计和实施遵循的方法，具有不易因架构变革而过快淘汰的特点，从而有效延长了应用服务的生命周期。关键技术标准和规范涵盖了 XMLSchema 的 XML 定义规则，XQuery、XSLT、XPath 的 XML 数据分析及转换方法，Web 服务调度协议 SOAP、WSDL、UDD、WS - Security 安全保障机制，WS - Policy 策略制定，WS - Reliable Messaging 服务管控和优质质量管理准则，以及 BPEL/WS - CI 的业务流程协同标准与 WSRP 的门户综合标准。

2. SOA 架构的优秀适用性体现在其具备高度通用的 Web 服务范式

无论原生应用程序采用何种编程语言进行开发，如 Java、Visual Basic、Delphi、PowerBuilder 等，以及运行于何种操作系统平台（Windows、UNIX 或主机），该架构都能够保证其在各种异质平台上快速集成。因此，市场、客户、供应商等各种数据源可以更加方便地进行处理。

3. 该系统的部署能够使整个生态结构高度解耦

简言之，通过统一接口，该系统有助于将原始农业应用数据层与多元化数据源进行融合。这样一来，所有分布在各地的数据可以根据其性质划分为相应的类别，并由数据效率层统一整合，形成多个全面的农业信息资源。数据效率层充当应用与数据之间数据存储调节器的角色，使得上层应用不再过于依赖个别数据来源，从而提高系统的适应能力。总的来说，这样的部署有助于缩短未来业务扩展过程中的时间损耗。

4. SOA 架构以其卓越的整合表现，可以极大地提升实施过程中的效率，从而显著缩减项目的执行周期

相较而言，传统的应用集成途径往往依赖于特定系统的适配器以及专有的平台消息总线集成模式。这些方法都存在着自身的局限性，难以完全满足复杂业务和数据集成的全方位需求。

以适配器模式为例，其仅能提供点对点式的集成效果。当面临大量需要集成的系统时，就需要投入大量资源来开发、部署以及管理大量的应用适配器，这无疑会大幅折损整个集成过程的效率。而针对消息总线的集成解决方案虽然有一定程度的改进，但由于主要使用异步方式来完成集成并且只限于某些特殊平台（如 Java 的 JMS 或 .NET 的 MSMQ 等），因此在处理异构系统集成问题上并未能显示出特别的效率优势。

然而，Web 服务作为一种规范化的应用访问接口，使得无论应用程序驻留在何处运行，都能够便捷地利用该接口与其他应用程序进行交互。基于这个特点，只要设计出明确的应用业务访问标准，就能够轻松地将其纳入整体农业信息框架之中，最终实现业务功能的大规模复用。通过这种方式，可以显著提高各种应用整合任务的成效。

关于农产品市场及其相关数据资料，我们认识到这些信息并非绝对固定或稳定地存在。各地区应根据本地农业发展状态，持续开展全面且创新的农业信息服务，以更好地满足市场需求。为了使农业应用软件能够有效应对快速变化的商业需求，必须赋予应用程序和数据高度敏捷的适应机制，以快速实现关键的业务服务，更好地适应不断变化的市场需求。

借助 SOA 平台展现的灵活调整特性，结合以 Web 服务为主导的业务逻辑实现方法，可以便捷地下达并实施高效率的业务组合策略，同时在尽可能短的时间内满足各类新兴商业需求。若要实现面向服务型的应用结构理念，必须构建一个统一、具有良好扩展性且遵守既定开放标准的基本运行平台。这样无论在何种底层技术条件下，都能够在异构的 IT 环境中管理 SOA 架构的全部生命周期。该平台需要有能力发现、保留和管理应用服务，并将这些服务有机地整合进更为复杂的应用和处理过程体系中，从而提高整体的响应速率和执行效率，为各类功能的实现提供坚实而有力的基础支持。

四、基于 SOA 的农业信息服务平台规划和实施过程

运用 Web 服务作为关键技术准则构建以 SOA 为核心的信息化框架并非易事，它需经历三个阶段：规划资源与规范、改造现有系统以及实现完整的 SOA 架构。只有在这三个环节上全面且有效地执行了相应的工作任务，方能实现在龙头企业中广泛推行的"敏捷一体化农业"的战略目标。

（一）第一阶段：规划资源与规范

统计分析已存在的信息系统的应用功能及数据模式，通过清晰地展示完整的应用程序及其现有的业务数据，从而掌握整个信息化建设所需的各类资源状况。

在进行信息化建设时，必须根据整个系统对信息化建设的整体需求逐步建立并完善信息化建设全流程中涉及的应用程序和信息资源的可靠性访问准则。针对应用实体层级的各项问题，可以运用以 Web Service 为主导的统一接口技术来有效解决；然而，关于数据访问层面的标准化问题，需要进行深入探究和大胆地创新尝试。具体而言，首先应明确农业行业内部所使用的 XML 格式数据的规范化要求，然后利用 Web 服务接口打造出符合该规范的数据访问服务。

考虑到这种情况，在现阶段制定应用信息访问接口时，必须充分考虑到未来阶段能够以面向服务体系结构（Service‑oriented Architecture）为基础支撑，实现数据与应用的全面整合。为了达到这一目标，可以灵活运用通用的 Web Services Description Language（WSDL）标准详细描述各类应用访问服务的接口特性，并借助 XML Schema 规范精确定义元数据构建方法，以用于数据规范的制定。

所有应用程序和信息的访问接口均按照组合式 SOA 技术所定义，这可为日后实现异质性应用的综合集成及复杂数据集成奠定了坚实基础。

（二）第二阶段：改造现有系统

在全面理解并紧密掌握各个应用系统之间的内在连贯性和连接性的重大价值之后，为了确保持续流畅且无阻碍地将此类应用系统成功整合入 SOA 架构体系之内，我们应依据 SOA 的有效实践法则和运营规定，对原有应用系统进行适当且必要的改进、更新和完善工作，以期实现所有应用访问接口与信息数据访问接口都能完全符合前期所预设的接口规范。

无论是已经建立的依托于 Microsoft. NET 技术或是基于 Java 平台开发的原生系统，都可以通过遵照 Web 服务行业标准的途径，将现有业务功能按照应用与数据访问规范化的要求整合成为丰富多样的业务组件，进而更好地为更大范围内的各类应用程序提供优质的服务支持。

（三）第三阶段：实现完整的 SOA 架构

在充分做好利用 Web 服务技术对传统系统进行升级改造的准备工作之后，便可借助引入 SOA 平台的力量，逐步构建起一套结构完整且灵活高效的以服务为导向的应用体系架构。对于如何进一步实现全面完备的 SOA 架构，建议依照实施步骤划分为四个关键层面：业务数据服务、业务应用服务、信息访问服务以及应用服务管理。

（1）业务数据服务建设是工程建设的首要任务。因为任何一款应用程序的设计方案都必须紧密围绕着具体的业务数据来进行支撑。目前，分布在各个业务系统中的各种类型的数据源需要逐步整合到一起，形成一个结构完善、逻辑严谨的数据中心。在此基础上，我们可以进行数据信息标准化访问的实践操作。设计数据服务层次可以提供一种简便快捷的方式，使得数据能够统一访问，从而为顺利地将数据服务层发布到 Web 服务提供了可能性。这样的做法使得其他应用系统能够重复利用这个服务，从而实现基于 SOA 架构的数据传输目标。

数据服务平台为 SOA 架构提供了快速实施数据服务层的有力支持。该平台能够为来自企业各部门复杂多样的业务数据提供一个统一的数据视角，让用户可以通过单一的接口渠道获取、使用已整理和精练过的信息资源，而不需要过多关心数据的来源问题。平台设计采用了元数据控制的模式，使得它能够灵活地完成数据服务的创建与维护，避免了开发者手动工作流程或编写 Java 代码的繁琐工作。此外，数据服务平台还具备多重功能，包括自动完成服务读取/写入处理、提高数据库性能、调整 Web 服务设定以及管理其他资源等，负责执行数据服务的模型设计和元数据管理事务，保障策略驱动的安全防护措施以及数据缓存机制的成功实现。

（2）通过有效运用数据服务平台进行全面整合。当我们获得了完整且无任何疏漏的数据信息之后，所有涉及的应用程序都可以直接享受到该统一访问服务的便捷之处。这样一来，在遵循符合 SOA 架构规范的前提下，各类应用的业务流程也能得到有机的融合和协调。

接受 SOA 架构模式来推动应用的集成进程。其关键环节在于以 Web 服务形式实现各个应用之间的功能调用以及所需数据传输的互联互通。借助于这种架构，可以更轻松地调节各种应用的性能，只需付出较小的代价，即可保证整个应用系统在应对变化的业务需求时始终保持灵活应变的特征，这也是通过 SOA 集成架构的高效运行达成的目的。

（3）采用 Web 服务技术对应用业务逻辑进行筛选和整合，最终将其顺利融入服务平台中，能够全面地实现应用信息访问服务。这一过程强调信息的呈现，通过门户形式展示出来，将农业领域更多、更丰富的信息资源汇集在一起。

信息服务平台涵盖了诸多信息网站，广大农业用户群体对各类信息的需求存在着显著差异，如何根据用户实际需求及时给予他们满意的反馈？这就要求充分发挥信息平台门户系统的作用，实现各类农业信息的全面整合与统一访问菜单。

（4）面对数量庞杂的业务应用需要以 Web 服务技术实现深度融合。可以选择进一步采取企业服务总线（Enterprise Service Bus，ESB）的先进架构来统筹处理这些可重复利用的应用组件，由此实现更加精细化的平台资源管理功能。

作为一种以服务架构为基础开发的最底层框架，服务总线采用了精巧的智能消息代理技术，实现了动态路由和数据转换等重要功能。这项技术不仅完美支持各种异构服务端点之间的无缝连接，还确保了服务总线的高效稳定运行。此外，服务总线在服务生命周期管理方面表现突出，包括服务注册、监控和 SLA 设定等关键子模块，为实现高度灵活的业务运营提供了可靠的技术支持。通过使用精心设计的服务总线，用户可以通过易于理解和操作的配置界面，快速而方便地进行多样化的服务和资源管理，创造出所需的应用程序逻辑流程。由于服务总线具备强大而独特的重用与部署优势，使得在异构平台上创建、复制并快速部署服务成为可能。

第五章　数字农业关键技术

第一节　农业物联网技术

一、农业物联网发展概况

当前，物联网技术在交通运输和物流行业中已被广泛应用，并展现出巨大的发展潜力。同样，物联网技术在现代农业领域也具有无法估量的应用价值。这项技术对农业生产具有极高的集成性，其需求巨大，技术复杂度高，并对设备的适应能力要求严格。通过物联网技术，能够获取农作物生长环境和状态的所有信息，并实现对其精确远程控制，从而达成降低成本、提高效益、增加产量并保护生态环境的目标。

尽管在过去，物联网技术可能存在着应用零散的问题，但如今，它已逐渐发展到了各种技术创新融合与大规模实际应用的阶段，并与农业现代化建设形成了密切的交叉互动关系。农业生产者对这一新技术的热情越来越高涨，主要原因在于其高效性、便捷性和智能化等明显优势。目前，农业物联网技术主要被应用于农业生产领域的环境监测、植物生长状况的动态追踪、精准化的前端管理以及农产品流通过程的质量安全跟踪管理等多个方面。

二、农业物联网的技术架构

农业物联网体系结构的实现依赖于底层的感知层、中间的传输层和上层的处理层，这三个层面被称为系统的"三大环节"。要实现完整的农业物联网，这些环节都是不可或缺的。感知层的传感器负责采集各类信息数据，然后通过传输层的有线或无线传感器网络传输至最终的处理层。处理层能够实时对农业生产的整个过程进行预测、诊断、调控、决策及预警。

感知层是农业物联网的基础和核心，其完善程度直接影响整个农业物联网技术的运行效率。因此，必须高度重视感知层的建设。该层主要包含温度与湿度传感器、射频识别（FRID）设备、视频监控设备和全球定位系统（GPS）等各种装备，采集的数据涵盖光照强度、温度与湿度、土壤水分含量、土壤营养状况、家畜及水产的健康状况等。为获取关键信息要素，必须通过这些传感器系统进行数据采集。

目前，我国在光、温、水、热等环境传感器领域已比较成熟，但新型且低功耗的动植物生命传感器和土壤养分信息传感器则是农业物联网的新研究热点，也面临着诸多挑战。

传输层作为物联网信息传输的重要桥梁，承担信息广泛传播和互联功能。特别是无线通信技术，由于不需铺设线路、易于组建网络、多变可塑、部署灵活简便，在当前农业物联网建设中得到广泛应用，成为传输层的主流方案。

云计算、云服务和模块决策等关键技术汇集于农业物联网的处理层。在数据处理方面，处理层需对感知层所采集的数据进行智能处理，然后利用相应的决策模型和策略实现对农业设备的智能调控，如灌溉、施肥等复杂操作。

然而，总体而言，我国在农业物联网技术应用方面仍处于发展初期。受限于技术水平不高、部署成本压力大、农村用户技术掌握能力较弱等实际问题，必须正视这些困难，努力克服，推动农业物联网技术在我国的普及与发展。

三、农业物联网的主要应用领域

农业物联网在实际应用中覆盖了农业生产、农产品加工、农产品流通以及农产品消费等各个环节。

（一）农业生产领域的应用

1. 动植物生长环境监测

该方面应用是指利用各种智能传感器获取农业生产环境关键数据，包括设施农业中的光照度、空气质量等因素，以及畜禽养殖业中的有害气体浓度等。通过实时监测和精准分析，实现对土地资源和生态环境的科学调控，从而降低生产成本，提升农产品品质。

2. 生长状态监测

农业物联网系统配备高清网络摄像头，可实时监控动植物的生长发育状况、健康状况及疾病疫情等。例如，在畜禽水产健康养殖方面，利用 GPS 定位、视频监控系统和移动互联技术实现全方位监督，实现饲料喂养、空气调节、保温杀菌和圈舍管理的自动化，从而确保养殖动物的安全与健康生活。

（二）农产品加工领域的应用

依托物联网技术，我国农产品深加工正朝着自动化与智能化方向持续发展。新兴科技被广泛应用于农产品品质自动辨识和分级领域，例如针对水果、茶叶等有机农产品表面是否存在瑕疵或损伤的量化评估。

为满足加工业对原料的需求，电子标识码技术被用于原料标记。通过电子标签，能够全程追踪所有食品的加工工序，包括温度和湿度等重要数据，这不仅满足了消费者对食品加工过程的知情权，还有助于明确食品安全事件的责任归属。此外，农产品加工控制系统通过自动化控制实现对农产品清洗、保鲜、烘干等多种生产工艺的规范化。这样的自动化流程减少了人工干预，防止了人为失误可能带来的污染。

（三）农产品流通领域的应用

利用物联网系统、GPS 和视频监控系统，能够实现农产品流通全链条的可视化监管。通过精确掌握农产品运输货车的位置和时间，实现对农产品运送流程的精准调度。同时，监控农产品的储藏条件，为科学制定运输策略提供依据，最终确保运输路径的科学性与高效性。

（四）农产品消费领域的应用

在农产品质量安全追踪方面，物联网技术发挥着关键而不可替代的作用，特别是在农产品的储存和运输阶段。这两个关键环节主要依赖于物联网提供的实时监控和追踪服务，以实现对农产品从源头到终端销售的全流程追踪。

农业物联网广泛应用于各类农产品，包括谷物、蔬菜、水果、茶叶、肉禽制品、水产海鲜以及深加工食品等。该系统包含多种功能模块，如电子标记、传感器网络、全球定位系统、移动通信网络和计算机网络等。为了确保透明度并保护消费者权益，所有农产品都实行"一物一码"原则，其中二维码浓缩了有关农产品从种植、生产、加工、质量检测、物流、储存到销售等各个环节的详尽信息，供消费者查询。

引入物联网技术后，农产品的营销策略得以优化，品质得以提升，物流管理也更加专业化，从而为农产品树立更具影响力的品牌形象。

四、农业物联网存在的问题

高端传感器作为核心技术之一，仍然缺乏关键突破，我国对国外产品存在严重依赖。在农业物联网中，传输层的进展相对较为稳定，但感知层和处理层的进展滞后。国产农用传感器在标准规格和稳定性上存在较大差异，直接影响了数据监测的准确性。此外，物联网设备的使用寿命较短，难以长期维持正常运作。农用传感器工作环境条件较差，提高国产传感器的稳健性仍需进一步研究和探索，例如改善核心制作材料和工艺。

农业物联网推广所需资金匮乏是亟待解决的难题。物联网作为一种高新科技，不论是初期的部署还是后期的设备更新保养，所需财力支持相当庞大。基本的农业物联网设备价格从一万元到几十万元不等，考虑到我国农产品价格普遍偏低，总体效益并不显著。加之农民在设备采购成本和经营规模等方面的限制，使用这种新型技术存在困难。目前，我国大部分涉及农业物联网的项目仍由政府主导实施，依赖政策支持和专项资金。

农业物联网应用标准规范的缺失也是一个难题。农业物联网作为一个融合了各种复杂信息的系统，在其他行业的物联网应用中并不罕见。然而，我国农业物联网领域尚未建立完善的标准化体系，缺乏统一明确的参考标准，限制了产品设计和系统集成的进展，阻碍了整个行业的发展。

第二节　农业大数据技术

随着科技的不断进步，特别是大数据技术的迅速发展，农业领域逐渐对大数据产生了依赖性。如今，农业大数据已成为现代农业发展中至关重要的推动力量，对于深度分析和提升农业价值起到了至关重要的作用。

一、我国农业大数据发展概述

经过多年的调研和实践，我国已初步建立了覆盖广泛的农业信息化系统，各级各类的农业信息资源日益丰富。目前，农业部门及相关机构逐渐建立了农业大数据研究与应用的机构，例如山东农业大学近年来成功建立了农业大数据研究中心。此外，许多致力于农业大数据研究应用的企业，如布瑞克、奥科美、佳格天地等公司，充分利用自身的技术实力和经验，借助大数据和物联网等先进科技，致力于打造更精准高效的现代化农业服务体系。

政府部门对大数据技术在农业领域的应用高度关注，已开始从政策层面予以规划和支持。例如，农业农村部在陕西省试点建立的"国家级苹果产业大数据中心"以及托普云农公司为浙江省政府搭建的智慧农业云平台，这些应用成果无疑见证了我国农业大数据战略的优秀表现。

二、农业大数据的类型

农业涉及的诸多环节都会产生大量数据，这决定了农业大数据不仅限于某一行业或部门，而是跨越整个农业产业链的生产、流通、消费以及服务等各个环节。其所需处理的数据资源极其复杂庞大。根据农业产业链及其数据来源的特点，可以将农业大数据划分为农业生产大数据、农业生态环境大数据、农产品流通及消费大数据等多个类别。

（一）农业生产大数据

农业生产大数据的范畴主要分为种植业与养殖业两大类别。在种植业方面，涵盖了作物种植大数据、农资使用量大数据（包括肥料和农药等）、农用机械设备大数据、品种选育大数据以及种子播种及浇水灌溉作业大数据、实时农业整体发展情况大数据等具体内容；而养殖业方面则涉及畜禽育种种群数据、个别种类的遗传谱数据、动物个体生长及其行为数据、疫情管控数据等。

农业生产大数据服务的主要功能包括农业项目策划制定、农事操作调配、农作物生长态势评估、畜禽和水生动植物健康状态评估、生产运营策略优化、气象预测推送、病虫害防治方案呈现等方面。

相对于传统农业模式，现代农业生产大数据呈现出许多新特征。传统的微型农场运作模式已难以满足商业化农业发展的需求。因此，借助物联网、人工智能、数据分析工具等先进技术手段，逐步将以传统耕作经验为指导的生产实践转向依赖大数据处理。同时，农业科技创新推动了农业科研方法的变革，大数据在信息育种、种质资源基因测序等关键领域的作用日益凸显。

通过大数据技术，能够优化生产决策，协助农民实现大型种植园区或养殖基地的精细化管理。

（二）农业生态环境大数据

农业生态环境大数据除了涵盖耕地资源（如土地位置、地块面积、地形高程等）、水资源利用数据、空间地理信息数据、气象资源数据、生物多样性数据以及灾害风险数据等多个要素外，还包括了其他复杂因素的考量。

（三）农业流通及消费大数据

农业流通以及消费领域的大数据主要包括有关农资产品和农产品市场供需关系、价格波动等各类关键信息数据的全面追踪记录。

三、农业大数据的功能分析

（一）大数据有助于实现精细种植

大数据在农业精细化生产中发挥着重要作用，为农业经营者提供了有效的决策支持和资源配置服务。通过运用尖端的信息化技术，农业从业者可以实时收集种质信息、生长环境信息、作物品种信息、施肥施药信息以及农事信息等多种数据。基于这些数据，利用强大的计算能力和深度的分析技巧，农民能够制定最优的生产策略和资源配置决策方案。例如，大数据技术引导的农田扫描定位系统可以根据每个田块的位置信息和作物营养状况，自动生成相应的肥料推荐方案。

通过对多年记录的大规模气象条件、土壤自然灾害、病虫害等环境因素进行综合研究，可以科学地匹配各类农作物品种和土地类型。同时，深入分析影响地块产量差异的各种因素，可以针对不同的地块采取差异化的农作方法，有效指导灌溉、施肥、除虫作业，从而大幅提升农业生产力水平和土地利用率。

大数据技术在推动农业生态环境整治方面也发挥着重要作用。其广泛应用不仅实现了按需给药、按需施肥、按需增温等个性化农业操作，还在很大程度上避免了化学物资的无节制使用，保障了农产品的食品安全，并对自然环境的保护和生态平衡起到了积极作用。

（二）大数据加速农业育种

大数据在推动农业育种进步方面发挥着重要作用。传统的农业育种流程通常具有较高的成本和繁重的工作负担，常规育种周期长。然而，大数据的崭新应用让这一周期得以大幅缩短。利用计算机科技和自动化种子切片技术，可以在实验室对大量材料进行全面筛选，从而压缩了田间工作的时间和支出，使决策更加迅捷高效。

（三）大数据帮助实现农业预警

在整个农产品市场信息体系中，传统的农产品流通消费环节一直面临着供求信息无法精准匹配、供给覆盖不全以及信息流动效率低下的困境。然而，借助大数据技术，可以有效地解决这一难题。

（1）通过全面感知和深度分析农产品产量、流通、消费状况、病虫害发生以及气象条件等重要信息，并结合对历史数据的仔细研判，运用智能分析方法捕捉整个信息流的去向和流速，进而对农产品整个产业链条的运作过程进行详尽模拟，从而构建起一套可靠的数据模型，以挖掘共享特征、掌握事物发展规律、洞悉未来发展趋势。

（2）基于农业大数据的预警系统能显著降低农业生产和销售中的不可预测因素，使农户能够自如地掌控从产前准备到产后处理的整个流程，进一步完善生产布局，避免资源闲置和浪费，促进产销之间的顺畅衔接，实现生产和运输的无缝对接。

（3）努力实现生产与消费者双方的供给与需求顺利匹配。近几年来，农业农村部、商务部、国家发展和改革委员会以及地方各级相关主管部门积极响应，大力推进涉及农产品管理数据以及监测预警系统的建设工作，并且在此过程中已经取得了一定成效。然而，值得关注的是，当前的预警系统仍面临着信息准确度不足、实际应用效果不佳以及信息传达效能较差等诸多问题，需要进一步解决和完善。

（四）大数据征信有助于完善农村金融体系

尽管传统金融机构已经取得长足进步满足了农业农村的大部分金融需求，但受限于农业自身信息化水平较低、农民持有有效抵押品较少、经营活动过于分散等多种问题，使得农业经营风险较高，农民收入大幅波动也成为不争的事实，这些因素直接削弱了农业金融服务相对于其他行业的整体优势。然而，大数据的出现提供了新的突破口。大数据具备迅速整合有效信息并进行精细筛选的能力，不仅有利于金融机构全方位了解用户的具体信息，还可以通过对用户日常收支状况、经营能力、债务负担、借贷历史、消费习惯、信用记录以及社交行为等进行深入分析、严谨验证与精确建模，以便对农户的信用状况进行公正的评估。利用以上收集的数据作为发放贷款以及设立农业保险基准的重要参考，将有助于降低金融运营的潜在风险，更为合理地引导金融资源有效地为"三农"服务。

四、我国农业大数据发展面临的问题

（一）大数据管理体制方面

针对我国农业大数据领域，其核心难题来自条块分割所引发的结构性失衡。在现行的管理体制下，尽管各农业主管机构拥有若干涉农大数据，但其流动性较低且难以实现共享。此外，国家农业公共数据采集及表达的标准尚未构建完善，各业务部门的数据储存与表述形式五花八门，导致数据的标准化与规范化程度不高。在数据开放性方面，开放总量偏低，机器读取能力相对欠缺。最重要的是，缺乏一套涵盖农业全产业链以及农业发展所需全要素、整个农业生产过程、农产品销售全流程的国家级农业数据目录和标准体系。

（二）大数据技术方面

我国大数据技术研发水平尚有待提升，与国际先进国家存在一定差距，同时大数据在农业生产中的应用时间相对较短，技术储备及实践经验相对匮乏。我国农业大数据来源范畴广泛，然而存在大量可用性不佳及异常数据过剩的问题，这无疑增加了数据发掘技术的复杂度。同时，农业大数据涉及众多关键环节，其规模之大使得各环节之间的协同效应相对较差。大量非结构化数据的存在对农业大数据的发掘、存储及处理工作构成了极大的困扰。

（三）人才方面

大数据技术具备高度专业化的特性，一般情况下需要专业的系统学习方能充分理解并熟练掌握运用，然而农业大数据技术的研发与实际应用则要求参与者兼具深厚的农业生产知识和卓越的数据挖掘处理能力等多元化知识背景。在当前条件下，将单纯的 IT 人才引向农业的工作环境可能存在较大难度，而要真正教会一名普通农民掌握并运用大数据技术更是一项不小的挑战。与此同时，我国现阶段从事农业的人群科学素养整体偏低，对于如何有效利用数据资源依然未能完全掌握，以至于面对农业大数据技术的飞速发展，信息技术很难成功转变为现实生产力。此外，国内能够提供农业大数据专业课程的高等教育机构数量有限，导致农业大数据研究与应用领域的人才储备明显不足。

第三节 人工智能技术

一、我国农业领域人工智能发展概述

我国将人工智能引入农业行业的时间相对较晚。自 2017 年 7 月，国务院制定并发布了题为"新时代的人工智能"的战略规划后，我国部分企业开始将人工智能应用于农业领域，并取得了一定成效。例如，在农用机械设备的研发（包括农作物疾病识别、无人飞行器改良、农产品无损检测等方面）、智能化农田管理、禽畜水产养殖智能化以及农业专家系统等核心项目中，已取得一定成果。然而，由于我国科技创新能力有限，同时受制于农业网络基础设施薄弱等多种因素，人工智能在农业应用中的广度和深度仍相对较低。

二、人工智能在农业领域的主要应用

（一）精准农业生产

精准农业是将现代信息化技术与传统农业生产方式相结合的全面应用和实践系统，主要包括信息收集、数据解析、资源优化配置和田间实践四个环节。其核心理念在于根据农作物生长环境的具体情况，实时监测和评估农作物真正所需的投入，如水分、肥料、药品和光照条件等。人工智能在农业领域中的应用前提主要是对农业生产环境信息和农作物生长信息等核心数据的分析。通过采用全球定位系统（GPS）和各种生态环境感应器，可以获取气象、土壤质量、水分含量、疾病情况等数据。然后，以这些数据为依据，确定某块土地上最适合播种的农作物品种，筛选潜在的危险区域，并确定最优的种植方案。随后，可以进一步完善耕作、灌溉和收获等环节的精确化作业流程，从而实现农业生产的精准化和经济效益的最大化。

（二）智能农机装备

在我国，尖端农用机械及相关装备的持续稳步发展已成为推进农业现代化建设的重要支柱，同时也是实现我国农业现代化、数字化、智能化的决定性影响因素与驱动力。随着科技整体水平的不断攀升和新材料的广泛运用，我国尖端农用机械及装备正逐步向着高度自动化和数字化方向转型升级，进而迈入更加尖端的领域。借助于机器学习等前沿技术，智能农用机械及装备已经具备在实际作业场景中作出自主决策的强大能力，从而极大地提升了作业效率和精准度，减轻了农民的劳动负担。

目前，国内已有多家知名农用设备制造商如雷沃重工和中联重科成功研发并推出适用于各类农作任务的自动驾驶系统以及精确定位和平整土地的专业系统，农田作业的远程可视化管控也已逐步进入实际应用阶段。尖端农用机械通常能够实现以下多项实用功能：

（1）精确导航，为农户提供最佳的挖沟导向路径，以最大程度地挖掘和利用光热资源，该项尖端的自动驾驶系统还能有效提高复杂地形和特殊环境条件下的导航精度，降低乃至消除农具偏移现象。

（2）存储、分享农田道路等作业信息，有效避免作业的重复或遗漏现象。

（3）实现自动化驾驶，无论是准确度还是稳定性都有大幅度提升。

（4）配备自动喷洒调节装置，精准设定种子和化肥投放量，从而大大提高了种植效率。

值得一提的是，农用机械物联网平台（机联网）可实时跟踪农用机械的位置坐标、运行状态等信息，通过利用深度学习算法，精确计算并实现农田作业路径规划的最优选择和执行。

（三）农产品质量检测

农产品质量检测涵盖了农产品加工制造、品质把控以及主要成分剖析等多个方面，是保障食品安全、规范食品消费流程以及维护消费者权益的重要环节。传统的农产品质量检测主要依赖人工操作，导致效率低下且受限于主观判断和客观限制，检测结果的可靠性和稳定性难以保证。

然而，依托人工智能领域的分支——机器视觉及人工神经网络，可以迅速、精确地对农产品质量和品质进行鉴别，节约了劳动力成本，提升了工作效率和检视精度。在我国，基于人工神经网络的农产品检测应用已取得相当程度的进步，检测对象主要涉及果蔬、茶叶、棉花以及家禽肉类等多种农产品，包括农产品的尺寸、形态、质地纹理、色彩以及视觉瑕疵等多方面特征的识别。

三、人工智能在农业领域应用存在的问题

（1）我国在农业大数据的建设上尚未取得显著成效，对于农业人工智能等新兴技术构成了制约。

（2）我国地域辽阔、地形复杂，农村地区网络基础设施不均衡，加大了农业自动化作业的难度。

（3）我国在人工智能领域的人才储备相对匮乏，缺乏复合型人才，对农业人工智能的发展带来挑战。

第四节　"3S"技术

随着科学技术的飞速发展，物联网、人工智能以及包括遥感技术（RS）、地理信息系统（GIS）、全球定位系统（GPS）在内的"3S"技术以及云计算等信息科技如雨后春笋般涌现。这些新兴技术正在逐渐渗透到农业领域的每个角落，从根本上颠覆了传统农业的生产经营模式，推动着农业向着更为精确、自动化以及高效能的方向迈进。

一、"3S"技术概述

"3S"技术是一个涵盖遥感技术（RS）、地理信息系统（GIS）以及全球定位系统（GPS）的总称。这三项科技融合了空间技术、传感器技术、卫星定位与导航技术以及计算机技术、通信技术等多项先进技术，体现了跨学科综合性应用的特点。伴随着科技的持续进步，RS、GIS、GPS等相关技术正持续向高度集成化发展，构建成新型"3S"技术体系，从而达到对各类空间信息进行迅速、准确采集、处理、管理、分析、传播以及应用的能力。自20世纪60年代以来，"3S"技术的研究和应用已经在测绘学界初步显现，如今已被广泛运用于国土规划、城市规划、交通运输、林业工程乃至军事等

诸多领域，尤其在国民经济建设、资源环境管理、灾害预警监测等关键环节发挥着重要作用。在农业领域，"3S"技术为现代农业构造与之相匹配的地理信息系统，在农业的规划、设计、管理、生产及决策流程中提供最为精确的信息支持，充分彰显其在农业领域的应用优势。自 20 世纪 80 年代起，"3S"技术在我国农业领域的运用已初露端倪，经过数十年的积累发展，呈现了巨大的社会价值，成为了推动"数字农业"蓬勃发展的关键力量。

二、"3S"技术在精准农业生产中的应用

（一）精准农业的概念

精准农业是根据农田之间不同操作单元（即区域、部位）的特定条件，对各种土壤与农作物管理措施进行精细而准确的调控，以此达到最大化利用各项农业投入，获取单位面积上的最佳收成与经济效益的目的，同时还需保护农业生态环境、保护土地等宝贵的农业自然资源。精准农业在理论上以地块内部的空间变异性为基石。精准农业将经济效益、生态效益与社会效益视为同等重要，通过定位、定量以及定时地优化生产管理，来实现这三大效益的共赢。因此，精准农业实际上还是一种基于空间信息管理以及变异性分析的现代化农业管理策略与操作技术体系，其中以地理信息技术为主导的信息技术占据了整个体系的核心地位。

（二）GPS 技术及其在精准农业中的应用

GPS（全球定位系统）主要由 GPS 卫星星座、地面监控系统以及 GPS 地面接收机三大部分相互协作而成。其工作原理是通过人造卫星对地球进行全方位的细致扫描、深入分析以及精准定位，从而向全球范围内的广大用户提供有关三维位置、即时速度及时间等全面的相关信息。值得赞扬的是，GPS 不仅具备极高的精度指标，而且还拥有极强的抗干扰性能、令人满意的短观测时间以及简洁明了的操作方式，更重要的是其全天候作业的优良特质。对于明确界定的农业信息空间和时间变化量的采集乃是实现精准农业落地生根的关键环节，因此，GPS 在精准农业领域中所扮演的角色至关重要。

GPS 技术能够为广大农业用户提供极其精准的农业田间作业空间位置信息，其中包括对各类土壤类别、土壤肥力特性、作物生长过程、病虫草害情况以及农作物最终产量等各项田间详细信息的深度采集。此外，它还能够

为各种监测目标提供精密度极高的定位、定量数据，这无疑极大地帮助农户做出更为科学合理的农业田间决策。

1. 智能农用机械导航

在耕作、收割、施肥、施药等农用机械上安装车载型 GPS 定位设备之后，这些机械将会按已规划好的既定路线有条不紊地进行耕作施肥或农药喷洒作业。由于配置了精确定位模块，农用机械可以精确无误地将作物所需的肥料与农药送达指定地点，有效精简了路线，大幅度降低了对肥料和农药的消耗。再者，借助于 GPS 系统的有力支持，智能农业设备在进行田间作业的整个过程中能够始终保持整体的一致性和便捷度，大幅度削减了人力资源的投入成本，进而显著提升了农业作业的效率，提高了作物的最终产量。

2. 病虫草害灾情监测

在 GPS 技术的强力支持下，精准农业领域可以实现对受灾区域的精确定位，并对灾情严重程度进行准确判断。随后，相关信息传输至云端平台，以便根据云平台显示的数据针对不同受灾地区投放合适的药物剂量。

3. 科学高效的农用机械调度

得益于 GPS 技术的迅猛发展，现在能够快速获取和实时监测农业机械的所有相关信息，精确计算农机作业面积和作业质量。进一步追踪农机的历史移动轨迹，实现对作业农机的远程、高速调配，大大方便了农业机械管理部门进行科学调度和组织农业运输工具，有效减少了农忙季节农业机械流动的随意性和盲目性，规避了农业机械集中抢修耽误农事活动的问题。

综上所述，GPS 技术广泛适用于精准农业生产的全流程，而且在此过程中各个环节都需要依托 GPS 技术来获取准确的、实时的、动态的农业资源空间信息。

（三）RS 技术及其在精准农业中的应用

远距离感知技术，简称遥感，即在搜集地表反射或辐射的电磁波信息时，依赖于遥远距离的技术手段。这种技术通过高空遥感和低空遥感等多种方式，获取地球表面的信息，然后利用科学技术对这些信息进行详尽地扫描和深度处理，以对地表物体和各种自然现象进行探索、识别和敏感性分析。通过比较不同物体在光谱波段的反射或吸收特征，可以推断其形状、颜色甚至整体大小等特性，这正是解决区分不同物体的关键。作为遥感技术应用最广泛且最成熟的领域之一，农业已经广泛应用该技术进行农业资源调查和实时监测，农作物产量的精确测量，农业灾害情况的准确监测以及灾害影响程度的合理评估等，为农业产业的发展做出了重大贡献，显著提高了农业生产效益。

1. 农作物生长态势的实时监测

借助遥感技术和相关成像处理技术获得的农田、作物多光谱图像信息对于实现农作物生产管理至关重要。通过对不同时期的遥感图像中的光谱信息转变进行详尽剖析，RS 技术能够实现农作物生命体征的实时监控；通过巧妙运用遍布多个时段的遥感影像数据，能够呈现出农作物全面发展的规律特征，有助于更加深入地了解农作物生长态势。以玉米为例，RS 技术可以通过细致观察叶片形态和颜色变化来判断玉米健康程度，从而立即采取灌溉、施肥或喷洒农药等措施。我国资深科学家王道龙主持并成功完成了"星陆双基遥感农田信息协同反演技术"的重大科研成果，首次引入了将陆基无线传感器网络技术、多元卫星遥感定量反演技术、空间时间耦合及数据同化技术予以完美融合的新型技术和操作模式，成功填补了我国在该技术领域的空白。

2. 农作物遥感测产

通过深度解读影像所呈现的光谱信息，RS 技术能够精确把握农作物的生长情况，并构建了生长信息与产量之间的高度关联性模型或相应函数关系（可将其与农学模型和气象数学模型相结合），这样，就能够精准预判农作物的产量，实现科学准确地估产。

农作物遥感测产系统主要整合了农作物种植面积的调查、生长状况的实时监测以及最终产量预测等业务流程。农作物遥感监测系统主要分布在美国、欧盟和中国。

随着技术进步和实践应用的积累，我国在农作物产量预测与监测的学术研究方面取得了显著进展。研究对象已从传统的冬季小麦扩展到了春小麦、稻米和玉米等多种农作物类型，可供遥感分析的区域范围也相当广泛。中国全球农情遥感速报系统自 1998 年启动以来，经过多年的持续开发、升级优化，已成为国际知名的农情遥感监测系统之一。该系统不仅支持我国粮食作物生产的调控决策，还为全球 147 个国家和地区提供丰富的农情情报服务。

此外，气象遥感技术实时、准确地收集降雨等天气预报信息，并实现对气象灾害和病虫害的早期预警，为农业生产提供了有力保障。遥感技术还广泛应用于农业资源监测、土壤水分含量监测、土壤侵蚀调查等农业服务领域。

（四）GIS 技术及其在精准农业中的应用

作为精准农业的关键核心技术，地理信息系统（GIS）融合了当今最先进的空间地理信息采集、存储、管理和分析能力，同时具备三维可视化的展示和输出功能。值得注意的是，在精准农业的运用过程中，GIS 并非一个独立运作的系统，而是提供一站式服务的综合性平台，以满足精准农业所需的地理信息。借助其强大的空间数据处理功能，GIS 能够协助实现更为科学的决策过程。如果将遥感系统（RS）和全球定位系统（GPS）技术比作精准农业的双眼定位，那么 GIS 则扮演着中枢神经系统的角色。正因为其深厚的功能优势，GIS 技术已在诸如精准农业变量施肥、农田灌溉管理、农业景观格局研究等领域得到广泛应用。

1. 农田信息可视化与专题制图

GIS 凭借其强大的数据采集和计算处理能力，能够轻松实现各种离散空间数据和 GPS 传感器的精密测算，进而实现对各类田间信息的图形可视化处理。GIS 技术能以二维平面、三维立体甚至动态等形式直观展示各类田间信息的空间分布图，极大地便利了用户的信息分析与统计操作流程。此外，地理信息系统还具备精准的地理制图功能，能够将多种专题信息综合汇总，生成全新的地图，为智慧农业提供一个视觉上的快速浏览平台，其中包括病虫害覆盖范围、耕地地力等级分布、农作物产量空间分布以及农业气候分区等农业专题地图。

2. 农业生态环境研究

通过深入剖析遥感图像所呈现的光谱数据，我们能够全面掌握农作物生长状况的详细动态，从而创新性地建立起生长过程中各类信息与最终产量之间的紧密联系或者明确的函数关系（这方面可以与农艺模式以及大气科学领域的数学模型进行有效融合）。这样的方法论使得我们能够准确预测农作物的产量。

由精准农业引领的数字化农业是我国农业发展的鲜明方向，对促进我国农业生产方式的革命性变革、农业生态保护以及增加农产品的安全性具有至关重要的意义。其中，"3S"技术代表的传感器、遥感图像处理和全球定位系统技术在我国农业研究领域的应用越来越广泛深入，为农业生产经营带来了深刻的改变。然而，我国在"3S"技术方面仍面临核心技术体系不足、实施成本高等问题，同时人才稀缺也是一大隐患。因此，未来的研究和实践需要深入研究这些问题，并提出相应的解决办法，以不断推进我国"3S"技术的改进和完善。

三、"3S"技术在农业应用中的挑战

（一）设备国产化率低

美国等农业高度发展的国家，已经开发出了适合于现代农业生产与管理需求的"3S"软件和硬件产品。然而，这种情况在我国并不乐观。目前市场上能够见到的相关设备数量较少，功能上无法达到发达国家产品的水平，尚未形成具有较大影响力的专业化市场。

（二）数据获取存在难度

我国土地资源广阔，农田分布相对分散，特别是"3S"技术在我国的应用还处于发展阶段，因此积累的基础数据量相当有限。这就导致数据的采集以及后续的更新工作都存在较大困难。我国在"3S"技术应用中面临着数据获取不足的问题，这限制了技术的应用范围和深度。

（三）技术推广成本高

对于国内广大农户，由于遥感图像生成所需要的成本较高，他们难以承受。因此，经济层面的因素成为了制约"3S"技术大规模普及推广的主要障碍，也增加了技术普及的难度。

第五节　区块链技术

一、区块链技术的概念和特点

区块链技术是一种基于应用区块链的数据认证、存储和分布式节点共识

算法的运作的技术，旨在确保数据的更新和安全传输。此外，区块链依赖密码学技术提供数据访问的可靠保障，借助自动化脚本代码构建智能合约，实现数据操作，构建新型分布式基础架构及计算方式。简而言之，区块链可视为一种无法篡改或伪造的分布式数据库，适用于各种信息的存储和获取，既满足个人需求，又符合集体利益。

区块链技术呈现出以下两个显著特征：

（1）高度透明的信息流通。在区块链系统中，任何计算机都能够参与其中，各节点享有平等地位和权益，共同维护和保护区块链数据库。区块链中的数据具有高度一致性和完整备份，除了隐私交易的凭证外，其他信息完全公开，任何人都有权查看，从而实现了信息共享的高度透明性。

（2）运用时戳技术。每个区块都具有专门的时间标注，精确标记特定时段。每个区块的生成都会自动获得相应的时间戳，显著提高了区块链数据的不可篡改性，使各个区块按时间顺序紧密相连，进一步确保了系统的公正性。

二、区块链技术在农业领域中的应用条件

自区块链技术从早期的虚拟货币与金融业起步至今，其应用范围不断扩展至诸多领域。尽管在农业领域，区块链的实际应用尚处于起步阶段，但其应用框架已逐渐涵盖了农产品原产地追踪及供应链管理等多个方面。例如，涉及作物、畜禽品种选育过程、农产品质量追溯机制以及地理标志产品管理等，均属于广义上溯源领域的细微分支部分。

在科技层面，随着区块链科技的推广普及，相关商业应用技术，如侧链、分层等也取得了相应的突破。同时，网络环境的建设也日益完善，为区块链技术的广泛应用提供了有力支撑。

在政策环境方面，自2019年起，我国政府陆续出台了一系列与区块链在农业领域应用相关的政策措施。以2019年5月中共中央、国务院印发的《关于深化改革加强食品安全工作的意见》为例，其中明确提倡推动区块链技术在食品安全监管环节的广泛使用。此外，到了2020年1月，中共中央、国务院印发的《关于抓好"三农"领域重点工作确保如期实现全面小康的意见》中，首次将区块链技术列为国家战略，并强调加速区块链、人工智能等

现代信息技术在农业领域的应用推广，将其视为现代农业发展的基础平台要素。

三、基于区块链技术的农产品溯源体系优势

传统的"单一中心化"架构已经演变为"多中心化"形式，区块链技术整合了众多中心，构建了一个稳健可靠的"生态系统"。通过区块链平台的分布式账本优势，能够确保数据记录无法被篡改，具备极高的可信度、追踪呈现能力以及高度透明性，这些特性对于保障农产品的质量安全起到了关键作用。如果有人试图进行产品质量作弊行为，他们必须修改全网络中与该产品相关的全部信息，这无疑对提高整个系统的安全性具有重要贡献。通过基于区块链构建的溯源系统，作假的成本将大幅提升，从而显著增强农产品供应链的整体可靠性。

尽管区块链技术在农业领域中的应用仍处于发展初期阶段，但得益于其独特的优势，区块链技术在解决农产品溯源问题、提升农产品供应链效能以及发展农村金融等方面展现出了广泛的应用前景。在这一背景下，进一步推进相关的研究和实践工作显得尤为重要。

第六章 现代农业发展评价、规划与政策支持

第一节 现代农业发展的评价方法

一、评价方法

在对现代农业综合效果进行评价的系统设计中，常采用各种数学模型。现有的研究成果中常用的方法主要包括层次分析法（AHP）、主成分投影法、信息熵法、综合指数法、幂函数法、全要素分析法以及数据包络模型等。

（一）层次分析法

层次分析法是一种结构化且层次分明的分析方法，于 20 世纪 70 年代中期由美国运筹学专家托马斯·塞蒂教授提出。该方法兼顾定性与定量，因其实用性而广受认可。层次分析法已广泛应用于经济、能源政策、军队指挥、农业生产、教育、医学、环境保护等领域。

其优势之一在于简洁直观，即使在不确定性的情况下也能应对。其核心优势在于构建的层次体系，让决策者可以审慎考虑各评价指标的重要性，做出合理的权衡与取舍。

层次分析法按照等级层次划分需要考虑的因素，分为理论目标层次、中间层次（实现总体目标所需的实施原则或策略）、底层层次（具体措施或方案）。确定各层次的特定元素后，可以使用层次分析图清晰展示各元素间的联系结构。

具体操作步骤如下：

（1）构建层次结构模型是评价现代农业发展状况的重要步骤之一。这一过程通过深入研究具体实践问题的本质，将涉及的各种因素按照其独特性质自上而下层次化分解为数个子层级，形成一个明晰结构层次的系统体系。在层次结构模型中，最上层的因素通常作为总体目标，而最底层的因素则是需

要进行方案设计或解决特定问题的关键环节，中间的层次可能包括多个大大小小的因素，它们可以视为子准则或具体的衡量指标。当准则数量过多时，应进一步梳理与划分出更细微的准则层级。

（2）构建成对比较矩阵是层次结构模型的延伸，通过成对比较法和数字化的 1～9 尺度，构建一系列成对比较矩阵，直至达到最基层的层次。这一过程有助于准确评估各因素之间的相对重要性，为后续的权重计算提供了依据。

（3）计算权向量并进行一致性测试是确保模型可靠性的关键步骤。通过计算每个成对比较矩阵的最大特征根和特征向量，并进行一致性测试，以验证模型的内在一致性。若测试结果符合要求，则可将特征向量标准化处理后作为权向量。否则，需重新构建相关的成对比较矩阵以确保模型的准确性。

（4）计算组合权向量并进行组合一致性测试，这是将各因素权重组合成综合评价指标的过程。通过计算最底层对整体目标的组合权重向量，并进行一致性测试，以验证综合评价指标的可靠性。若测试结果符合要求，则可按照组合权向量代表的信息作出相应决策。若不能通过测试，则需重新审视模型或重新构造成对比较矩阵以提高一致性。

（二）主成分投影法

主成分投影法是一种有效的量化处理和权重分配方法，适用于对指标数据进行维度统一化。通过正交改造方法，可以将原有的评估指标进行转换，形成一系列相互垂直的综合指标组，从而消除由于量纲差异而导致的数据冗余问题。最终，通过获取被评估对象在理想决策变量方向上的投影作为单一维度的综合评价指标，实现了对现代农业发展状况的全面评估。

（三）信息熵法

信息熵法在信息理论中的应用是为了更准确地衡量信息资源的数量和价值。克劳德·艾尔伍德·香农教授于 1948 年提出了信息熵的概念，将热力学中的熵概念引入信息论领域，以量化信息的不确定性程度。信息熵的计算可以通过数学方法来评估信息的复杂程度和内容丰富程度。该理论强调了信息传递过程中的冗余部分与信息的不确定性之间的密切关系，以及高概率事件与信息传播广度之间的相关性。信息熵法可以被视为衡量信息价值的标尺，信息熵法随着不确定性的增加而增加，因此对于解决问题所需的信息量也相应增加。信息熵法为解决知识流通问题提供了重要的理论基础和实践指导。

（四）综合指数法

综合指数法是一种基于综合考量，通过对比平均来获得结果。它的主要优势在于能够全面揭示复杂经济现象的整体变化趋势和幅度，并以客观、定量的方式解释现象调整所带来的实际经济效果。该方法需要充分的原始数据支持。与之相反，平均指数法采用前期对比和后期综合平均的模式，虽然无法直接阐明现象调整的具体效果，但其操作灵活，更加便捷。尽管两种方法在操作上有所不同，但其核心原理相似，因此，可以将平均指数法视为综合指数法的一种形式变革。在实际应用中，平均指数法的便利性高于综合指数法，这使得它具有相对独立的意义。

使用综合指数法时，需要将各种经济效益指标转换成同比例的个体指数，以便进行综合比较。借助于综合经济效益指数，可以对企业的综合经济效益进行排序，以判断它们在经济效益中的角色和贡献。各指标的权数由它们对整体经济效益的影响程度决定，反映了各个指标在综合经济效益中的重要性。综合指数法的核心理念是通过逐层累积计算权重和数值，最后加总以得出经济效益指标的综合评价指数。

（五）数据包络模型

数据包络分析法（DEA）是涉及运筹学、管理学和数字经济学等多个学科领域的研究成果之一。该方法通过构建涉及多个投入指标和产出指标的线性规划模型，以实现对具有相同性质的被评估对象的相对效率进行定量评估。自从 1978 年美国运筹学专家 Charnes A 和 Cooper W W 共同创建以来，DEA 方法已在各行各业广泛应用，尤其在处理多维度的投入和产出信息方面表现出显著优势。

DEA 方法巧妙地规避了对每项服务精确计算标准成本的复杂性，而是将多种投入和产出因素转化为效率指标的分子和分母，无须将数值以同一货币计量单位进行折算。通过 DEA 评估效率，可以直观地展示投入和产出的配比结构，相较于传统的运营比率或利润指标更全面、更可靠。DEA 通常以产出与投入的比率关系来表示，其目标是提高单元的整体效率水平，将效率达到 100％ 的单位视为相对高效单位，其他单位则视为效率低下的单位。

基于 DEA 方法，管理者可以评估一组服务单位，监测相对低效单元，评估低效程度，并通过对无效和高效单元进行深入比较分析，找出降低无效程度的策略途径。

二、评价指标体系

（一）评价指标体系的选取原则

在确定评估指标体系时，需要遵循以下三个原则：

1. 前瞻性

所有纳入评估的指标应充分反映当前现代农业发展的最新进展和未来趋势，以便及时调整指标权重分配和修正指标数量，适应社会发展的变化。

2. 导向性

评估指标体系应明确现代农业的基本使命，彰显其在大农业中的独特属性，满足农业现代化的要求，关注评估指标对农村发展的科学指导作用。导向性体现在支持农业的现代化设施设备、运用现代科技手段、推动现代化产业布局、促进现代化经营形态推广、借助现代发展思维引领农业等方面。

3. 可操作性

在建立评估指标体系时，应合理划分层次，控制指标数量，减少共线性问题，确保指标体系简洁实用，避免过于地方化的指标。同时，选择通用的关键指标，保证数据来源准确可靠、获取便利、可量化，上报数据具有明确的统计含义和统一的口径。

（二）评价指标体系构成

为全面衡量新时期我国现代农业发展的整体状况并明确其预期目标，设立了 5 个主要的一级指标及其下设的 23 个子项目作为核心评估参数。第一层级的总体目标是根据以下六个方面设定的：农产品供应水平、市场波动应对能力、农业生态环境的保护与可持续发展程度、农林牧渔等产业间的协同融合发展水平、优秀农业科技和人才的现代化集聚度以及现代农业经济的综合运营水平。

三、现代农业的发展评价

上海交通大学农学院于 2017 年推出的"中国都市现代农业发展评价指标体系（UASJTU）"对各个重要城市的都市农业发展情况进行了全面的量

化分析，以此测量出都市现代农业的发展指数。在该体系中，每个一级指标由多个二级指标构成。经过构建统一标度后，将所选一级指标下的所有二级指标转化为数值组合，结合各自的权重，计算出最终的一级指标评价得分值；然后再次对一级指标进行同样操作，得出最终的整体评估分数值。其中，《中国都市现代农业发展报告2017》对都市现代农业的评估指标权重进行了两次优化，各级指标的赋权方式采用主观赋权法和客观赋权法相结合的形式。一级指标的权重主要依靠专家把握其主要方向和定位，确定各项指标的相对重要性，而二级指标则运用客观赋权法，利用数据资源真实反映客观发展规律，深入挖掘和充分识别每个城市的都市现代农业现状，尽可能消除人为的主观性干扰。"中国都市现代农业发展评价指标体系（UAS J TU）"（2017版）共包含5个关键性的一级指标和23个细化的二级指标。

（一）"菜篮子"产品保障能力

1. 核心"菜篮子"产品保障度（％）

此指标旨在评估各大城市在蔬菜、肉类、水产品、鲜牛奶以及禽蛋等关键"菜篮子"产品方面的7天突发事件应急供给能力。其计算方式为：核心"菜篮子"产品的保障度＝关键"菜篮子"产品每年的总产量×7/365×100％。其中，关键"菜篮子"产品每天的平均产量计算公式为：关键"菜篮子"产品每天的平均产量＝该类别全年总产量×7/365。而关键"菜篮子"产品每天的最低需求量根据《中国居民饮食膳食指南（2016）》的相关标准确定。

2. 耕地保有率（％）

该指标衡量城市的耕地面积在过去一年的耕地总面积中所占的比例，反映城市的土地资源供应保障能力及其在保证"菜篮子"产品生产供应上的潜力。其计算公式为：耕地保有率＝某年的耕地面积/上一年的耕地面积×100％。

3. 农产品质量安全综合抽样检测合格率（％）

农产品质量安全综合检测合格率是衡量城市种植农作物、养殖畜禽和水产等品种的定期终端检验结果中合格农产品所占比重的指标，用以反映国内食品农产品的总体品质水平。该指标的计算方式如下：

农产品质量安全综合抽样检测合格率＝（蔬菜抽样检测合格率＋家禽产品抽样检测合格率＋水产品抽样检测合格率）/3。

4. 三品认证农产品的产量比率（％）

都市有机、绿色、无公害农产品的总量比重是评价农副产品品质等级和标准化生产水平的指标，反映了符合无公害标准、获得绿色食品认证或具有有机食品标签的农产品在整个城市农产品市场上所占比重。其计算方法如下：

三品认证农产品的产量比率＝（无公害农产品产量＋绿色食品产量＋有机食品产量）/全市上市地产食用农产品产量×100％。

相关数据主要来源于农业农村部农产品质量安全监管司、绿色食品发展中心以及各城市的官方统计报告。

（二）农业生态与可持续发展水平

1. 化肥使用强度（吨/公顷）

该指标衡量了每公顷耕地所施用化肥的数量，以化学成分的纯度为标准，与总耕地面积之比。其数据来源于各城市的年度统计报告。

2. 农药使用强度（吨/公顷）

农药使用强度表示每公顷耕地所需施放农药的数量与总耕地面积之比。同样，此项数据来源于各城市的年度统计报告。

3. 农业废弃物综合利用率（％）

农业废弃物综合利用率衡量了农作物和家禽饲养产出物的有效利用程度，包括秸秆、动物排泄物和死亡家禽的处理。对于这些指标，其处理效率和定值均设定为100％，以展示最新的数据。

4. 单位能耗创造的农林牧渔业增加值（元/吨标准煤）

该指标用于评估城市农林牧渔加工业所获增加值与整个农业生产过程中能量总耗费之间的关系，以量化农业活动中的能源利用情况。具体计算方式为：农林牧渔增加值额除以全过程能量消费总额。全过程能源消耗包含排灌用电、农机柴油和肥料消耗。各地区的能耗系数可通过年度报告和农业农村部数据库获取，其中排灌用电、农机柴油和肥料的能耗系数分别为0.386 9吨/公顷、1.457 1吨/吨和4.7吨/吨。

（三）三产融合发展水平

农产品加工业与农业总产值之比是用来评估某城市在特定时间段内农产品加工业产值与农林牧渔业总产值之间的比例。具体的计算方式为：农产品加工业与农业总产值之比＝农产品加工业产值/农林牧渔业总产值。相关数据主要来源于各城市自行发布的农产品加工业产值以及各城市统计部门公布的农林牧渔业总产值数据。

农业生产性服务业发展水平被用来评估各城市农业服务领域的发展状况。通常通过以下公式进行计算：农业生产性服务业发展水平＝农林牧渔服务业产值/农林牧渔业总产值。数据来源同样为各城市年度公布的统计报告。

休闲农业与乡村旅游发展水平是综合考虑各地方休闲农业与乡村旅游示范县及其核心企业（园区）情况的参数，以全面反映城市休闲农业与乡村旅游发展的综合质量。具体计算方式如下：休闲农业与乡村旅游发展水平＝示范县发展水平×0.5＋星级企业发展水平×0.5。其中，示范县发展水平通过计算该城市在全国范围内被评为休闲农业与乡村旅游示范县的区域面积占整个行政区划总面积的比重来确定。星级企业发展水平则通过三星、四星和五星级景点数量占行政区划总面积比重的加权平均数计算得出。所有这些数据均可从农业农村部及文化和旅游部官方网站获取。

此外，地市级以上农业科普教育基地数量的变化情况也是值得关注的。这一指标涵盖了地市级以上农业科普教育基地的总数，这些基地由地市级以上农业部门、科学技术协会或教育部门共同认可，并向中小学生开放。具体的数据来源主要依靠各城市的上报数据，需要注意的是，如果同一个农业科普教育基地在统计中出现多次，则只能根据首次出现的信息进行计数，以避免重复计算。

（四）农业先进生产要素聚集水平

1. 农村创业创新园区（基地）数量评估

此评估项目旨在考察农村创业创新园区（基地）的数量，以衡量农村双创工作的推进程度和实际效果。相关数据来源于农业农村部发布的全国农村创业创新园区（基地）信息。

2. 农业技术推广服务人员配置强度评估

该指标衡量农业技术推广服务人员数量在第一产业从业人员总数中所占

的比例，以反映农村地区农业技术推广服务的实际执行力和效果。计算方式为：农业技术推广服务人员配置强度＝农业技术推广服务人员总数 ÷ 第一产业从业人员总数×100％。

3. 农林水事务支出占第一产业增加值之比评估

此项评估测算城市政府在农林水事务方面的财政支出与全城第一产业增加值之间的比例。计算公式为：农林水事务支出占第一产业增加值之比＝农林水事务支出 ÷ 第一产业增加值×100％。

4. 农村金融服务水平评估

此项评估主要通过考察各城市农业保险深度和单位农林牧渔业增加值的信贷资金投入两个方面，反映农村金融体系对农业风险管控和现代金融对农业发展的支持程度。具体计算方法为：农村金融服务水平＝农业保险深度×50％＋单位农林牧渔业增加值的信贷资金投入×50％。

5. 耕作、种植、收获全程机械化水平评估

该项评估检测各种农作物从机耕、机器播种至最后机收的全面作业水准，反映农村地区农业设备现代化程度和增效能力。具体数据需通过地方政府上报获取。

6. 农村互联网普及率评估

此项评估主要通过测算农村地区接入互联网的家庭用户数占全部农村家庭用户总数的比例，衡量当前农村信息化建设进程。数据参考中国互联网络信息中心（CNNIC）发布的《中国互联网络发展状况统计报告》中的省级数据确定。

（五）现代农业经营水平

1. 农业劳动生产率（元/人工）

此指标体现了城市经济中第一产业创造的增加值与从业人数之间的比率关系。计算方式为：农业劳动生产率＝第一产业增加值 ÷ 从业人员数量。相关数据源自全国各大城市发表的《中国城市统计年鉴》中的第一产业增加值信息，以及各城市提供的统计报告中关于农业从业人员数量的数据。

2. 农业土地生产率

该指标衡量农业在单位耕地面积上创造的增加值。计算方式为：农业土地生产率＝第一产业增加值÷耕地面积。相关数据同样依赖于《中国城市统计年鉴》中的第一产业增加值以及各城市提供的耕地面积数据。

3. 农产品品牌建设水平

该指标综合考虑了城市拥有的国家地理标志农产品数量占比、专业合作社数量占比以及区域公用品牌数量占比，反映了农产品品牌发展的程度。计算方式为：农产品品牌建设水平＝国家地理标志农产品数量占比×1/3＋专业合作社占比×1/3＋区域公用品牌占比×1/3。相关数据来源于农业农村部的权威发布。

4. 农户加入合作组织比重

该指标衡量了农户加入合作组织的比例，反映了合作组织在农村社会经济中的影响力。计算方式为：农户加入合作组织比重＝加入合作组织的农户数量/总农户数量×100％。相关数据来自各地区统计资料以及各城市发布的《统计年鉴》。

5. 农村居民人均可支配收入

该指标衡量了农村居民家庭可用于最终消费、非义务性开支和储蓄等用途的人均收入水平。相关数据可从各城市的统计部门获取。

第二节 现代农业产业布局与规划

一、农业产业布局及其影响因素

（一）农业产业布局概念

农业产业布局涵盖了诸多领域，包括种植业、畜牧业、林业、渔业等，以及这些部门内各分支类型的规模、产量等元素在地理空间上的分配和综合，即从空间角度出发，研究农业产业的发展与运作规律，分析农业发展所需的资源与生产要素的地理位置、移动趋势和空间集聚特点等。农业产业布局将产业结构形象地展示在地理空间中，核心重点在于生产力布局。这一理念不仅满足了区域经济学的基础原理，同时也是对农业产业本身特性的深度挖掘。

生产力布局实质上反映了国家或某个特定地区的生产力的空间分布模式和组织形态。从经济产出的角度来看，生产力布局主要体现为各个产业部门在地理空间上产品产量、品质以及效益等方面的不平衡格局。而从经济发展内在联系的层面来观察，它又表现为各个经济发展要素配置以及空间整合的形式。

因此，在针对某一特定地区的农业产业布局展开分析或制定规划时，不仅要考察各个具体产业部门在地理空间上的分布情况，如产业带、功能区等，更应深入了解该地区的农业生产经济要素的组合模式，以及农业整体与局部（包括空间架构与系统）之间的结构特点。

（二）农业产业布局的研究视角

1. 静态产业布局及动态产业布局

静态与动态的产业布局理论旨在深入研究经济因素的地理分布、空间布局模式，以及在特定时间段内展现的相对稳定性和连贯性。

（1）静态生产力布局主要受自然资源条件、产业历史沿革、相对稳定的市场供需关系和产业政策等多因素的制约，形成了较为稳固或变动速度较缓慢的产业布局模式。这种布局状态反映了各种要素相互均衡作用的最终结果，并为产业布局的评估与规划提供了坚实基础。例如，在早期，各地区根据独特的自然和文化背景形成了传统的农业产业形态。

（2）动态生产力布局强调人类生产力的再组织能力，外在和内在的变化不断推动着原有生产力分布的相应变革。尤其是在现代市场经济的大环境下，由于生产要素的自由流动和市场冲击，各地的农业产业已难以维持原有的封闭性格局。这导致农业产业结构和布局呈现出动态波动的特征。因此，对于农业产业布局作为规划和政策的对象，必须进行针对现状和外部环境的动态分析，并积极主动地重新组织生产力要素。

2. 农业产业布局评价与规划

在深入研究农业产业布局问题的过程中，涉及两种紧密相连但行动逻辑完全不同的主要活动：评价和规划。

农业产业布局评价的重点在于科学研究领域，通过运用深厚的理论和综合性的手段，探究区域内农业产业格局的现状及其影响因素，并试图以定性或定量的方法对其进行公正而准确的描述。评价工作者面临的主要挑战是做出客观的事实性判断，致力于确保研究成果能真实反映所在区域农业布局的实际情况与内在运行规律。

相较之下，农业产业布局规划更多地涉及政策制定与实施层面，需要根据既定标准对特定区域当前的农业产业布局状况及其质量水平进行深入评价，同时对外部环境和内部条件的未来发展趋势进行预测，以此为基础判断未来可能的发展方向。根据产业未来的发展目标和经济发展所需的各种要素配置，制定总体规划方案，甚至可以采取某些直接的调控手段，以解决现有产业布局中的不合理因素。在这个过程中，焦点是基于各种价值原则对目前的发展状态进行详细评价，并在此基础上对未来进行预测，优先考虑实施政策干预。

（三）农业产业布局与产业结构的关系

现代农业产业布局的关注点在于产业部门及其组成元素在空间上的具体分布形态，而现代化农业产业结构则着重于不同产业部门之间的比例关系和协同配合，以实现相互促进的系统连接。然而，这两者之间存在着密不可分的联系。

各类产业部门相对于其他产业的产出规模或其占有的经济资源比重将直接反映其在产业布局中的地位，从而产生空间比率与结构比率之间的对应关系。

当设计并实施各个产业空间布局时，例如将某些产业紧密相邻或实施安防措施，或将它们集中化或分散化处理时，所有这些都必须以相关产业的相互关系为基础，包括上下游产业链的生产和加工环节、种植业与养殖业的密切结合等。在构建特定地域范围内的农业结构时，往往需要以该地区各产业部门的科学合理布局为前提条件；在制定产业布局规划时，产业空间结构、比例关系和形态格局不能脱离特定的产业结构环境。

（1）产业空间布局的研究对象主要是整个区域空间，特别是在引入现代科技手段（如空间大数据、地理信息系统等）后，通过图形化表达的信息远超过产业结构所能描述的深度和广度。在产业发展深度分析过程中，产业结构偏向于定性和定量分析，而产业布局更注重"定位"和"定形"。

（2）在农业领域，诸如土地等关键元素的利用，每一片特定区域的土地都有其独特的地形特征、地貌状况、水文条件、肥力水平、污染情况以及土地使用方式等，这些都是空间化的表现形式。因此，在进行产业结构分析与规划时，需要充分考虑产业布局特点。以上因素进一步凸显了产业布局在现代农业发展研究与规划工作中所具有的重要价值与地位。

农业产业布局与现代农业发展进程的关系不仅限于产业体系本身，实际上农业生产体系和经营体系也与其产业要素的空间布局有着千丝万缕的密切联系。比如农业基础设施的建设、专业化社会服务设施等，甚至现代农业示范园区的核心区、示范区和辐射区等空间关系也扮演着极其重要的角色。

（四）传统农业布局的影响因素

在探讨产业布局相关理论的演变过程中，可以洞察到影响农业产业布局的多种因素。然而，需要注意的是，传统农业与现代农业在各种条件和因素上存在显著区别。首先，通过分析农业生产的特性来探讨它们对传统农业产业布局的影响；其次，讨论在市场化背景下，各种社会经济因素如何替代自然条件，从而影响现代农业产业布局。

众多因素可以直接或间接地影响农业产业布局，但并非所有因素在所有时期都发挥同等重要的作用。至于每个产业部门中，哪些因素具有最大的影响力，这取决于多种因素。在传统社会环境中，农业产业布局具有以下三个特点：

（1）产业布局受自然条件的显著影响。自古至今，由于人类改造自然的能力有限，农业依赖于天时地利。即便微小的地理和气象变化也可能导致区域性的农业产量波动，从而形成具有地方特色的产业布局。

（2）产业结构趋向分散化。农业生产周期长、投入大、风险高，在自然条件相似的情况下，实施大规模生产依然面临成本和风险挑战，这导致农业生产及布局呈现出分散态势。

（3）农产品供应具有短距离特征。在古代至近代，农业生产力低下，人们主要以自给自足的自然经济为主，农产品的商品化程度极低。再加上当时农产品价格低廉、加工工艺局限以及保鲜储运技术不足，一般只能在较小范围内进行交易，表现出供给范围受限和市场分割的特点。

（五）现代农业布局的影响因素

随着人类社会进入文明时代，科技进步催生了对自然资源的深度利用和改造，逐渐改变了以往纵向封闭、横向孤立的农业市场模式，促使静态的产业布局逐步向动态的产业布局转变。在市场经济高速运转的时代背景下，需要警惕过分依赖自然条件的做法，因为闭门造车已经不再可行。在理性思考现代农业的发展路径时，不应忽视其他影响因素，包括生物技术、市场演变、农业政策改变，甚至是农业发展观念的转变等。

传统农业对自然属性的依赖不多，但现代农业在其布局中受到经济社会因素的影响越发显著。与固有自然条件的相对稳定性相比，经济社会变迁往往导致农业产业布局变动更加频繁。

在现代化农业产业布局中，主要的影响因素包括：

1. 消费及市场竞争

随着人们生活水平的提高，消费需求的变化具有极大的不确定性，直接导致农业产业内部结构、规模及空间布局的调整。例如，主粮消费比例可能会随着肉蛋奶消费量的提高而降低，人们对食品安全与农业环境保护的重视使得更多的人追求绿色、有机农产品。市场规模决定了农业产业的生存基础和经济效益，为了在激烈的市场竞争中获得更大的利益，农业从业者必须努力拓展市场范围，争取市场份额，加大投资力度，争夺稀缺资源，消除壁垒，并采取其他手段，使用新的、特色鲜明的农产品来吸引消费者。现代农业通常采用大规模、集约化的经营管理模式，与之形成鲜明对比的是，传统农业是散乱无章的手工小作坊式的自给自足模式。

2. 农业内部合作

在当今市场环境下，农业经营者们不仅需要应对激烈的竞争，还需要面对多样化的合作关系。农业生产所涉及的自然与社会因素并非单独存在的，而是相互影响、紧密关联的，伴随着各种物质转化和能量循环，形成产业复合与生态系统密集的特征。这种态势在农业产业布局层面得到彰显，上游产业与下游产业在地理位置上的毗邻有效促进了各个产业部门和经营单位的优势互补、协同发展，从而全面挖掘农业生态系统的潜能，提升物质转换与能量循环效率，延长产业链与价值链长度，实现规模效应和集聚效益。

3. 城市化发展

城市区域代表着现代农业的主要市场空间，因此，农业布局必须充分考虑城市化进程的影响。具体来说，城市化对农业布局有着明显的两面性效应。

（1）作为现代化发展的重要特征，城市化进程迅速推动大量农业人口转变为非农业人口，并吸引人口流入城市，特别是大型和中型城市。这种趋势导致农产品需求的激增以及对农副产品的强烈需求，从而催生了以城市周边为主的蔬菜园艺、家禽家畜产业的发展，开拓了更广阔的市场领域，形成了高度商业化和集约化的都市现代农业格局。

（2）现代社会农业效益较差的特点愈发显著，农业单位土地与劳动力的产值远不及城市二三产业。这种差异性导致农业作为脆弱产业的特性并未得到实质性改变，甚至有加剧之势。因此，城市化带来的城市周边土地升值与地理空间扩展之际，农业与二三产业发展中的地理空间争夺必将处于劣势，最终只能退而求其次。这种现代城市对农业产出需求与空间排斥的矛盾境地，直接导致了农业产业布局的不合理性。

4. 劳动力因素对农业产业布局产生深远影响

劳动力作为经济要素之一，其对农业产业布局的影响力主要体现在两个方面：劳动力数量与素质。充足的劳动力资源是农业现代化的基础。尽管科技进步导致部分农业作业依赖设备辅助，但仍有许多行业需要大量人力投入，比如蔬菜种植业中的摘收环节。因此，本地劳动力的供求关系对农业产业结构和地域分布至关重要。此外，劳动力的年龄结构和素质水平也直接影响农业的发展速度和方向。受过良好教育的劳动者更容易接受先进技术和设备，有助于推动高新农业和设施农业的发展；而缺乏相应教育水平的劳动者只适合从事传统农业活动。同时，长期沿袭的耕种经验在确保农业生产力稳定的同时，也可能导致对新时代产业变革的不适应。

5. 新型农业经营理念及农业多功能性

农业承担着多重使命，不仅仅局限于提供物质产品。在当今社会，越来越重视农业的生态保护、文化传承以及可持续发展。为了满足这些新的价值追求，诸如都市郊区农业等新型产业形式应运而生，与过去单纯的农产品生产有显著不同。城市居民对于农业的需求不再仅限于食品供应，而是更注重其生态效益、游览价值和文化底蕴。因此，农业的空间布局和产业结构也必须做出相应调整，林业、休闲农业等新兴领域逐渐成为主导。

6. 农业发展政策解析

现代农业的迅速发展受到政府农业政策的重大影响。农业作为国计民生、国家安全与社会稳定的重要组成部分，其地位和作用不容忽视。然而，由于农业本身的特性，如较低的比较利益、高度依赖外部环境以及受制于其他行业等，使得农业的发展常常受到各种挑战。为了支持农业的健康发展，各国政府都采取了一系列扶持农业发展的政策，旨在调整农业产业结构和布局，以推动农业的持续进步。

政府农业政策主要体现在两个方面：

（1）通过各种财政援助手段，引入政府资金和社会资本进入特定行业、环节或农业基础设施等领域，以促进农业产业结构的优化和布局的调整。这包括降低农业税收、提供种子、肥料及农药的补贴等，以及加大农田水利设施建设力度等。

（2）通过制定法律法规、发布政策、编制计划等方式，直接指导和干预现代农业的发展路径和空间分布。例如，为了保障粮食生产安全，我国制定了《基本农田保护条例》，明确了基本农田的数量和范围，并实施了高标准农田工程和粮食生产功能区划定工作。各级政府还针对不同地区和农产品推出了多项农业产业布局规划，如《特色农产品区域布局规划》《优势农产品区域布局规划》等，以引导和规范农业产业的发展方向和空间布局。

二、农业产业布局规划

（一）农业产业布局规划的基本概念

规划实质为全方位、长期性的发展策略，是针对具有整体性、长期性及根本性的社会或系统未来发展议题的深入思考及其相应对策。当前，面对迅速变化的外在环境，各系统需设计并完善计划来降低不确定性带来的消极影响，从而达成预先设定的发展目标。其中，规划的核心价值在于开展有针对性的系统分析和科学预测，以及在这一基础之上做出品质卓越的决策并执行决策。在农业领域，产业布局规划更是至关重要，它不仅关乎农业的生产效率和经济效益，还直接影响社会稳定和农民生活水平的提高。因此，农业产业布局规划应当具备长远性、全面性和科学性，以确保农业产业能够实现可持续发展和整体提升。

（二）现代农业发展规划与产业布局规划

农牧业作为国民经济的基础支柱产业，兼具综合性特征，其发展受自然资源环境和社会经济环境的综合影响。为了适应不断发展变化的需求和环境，各级政府与企业需深度考虑农业发展的背景条件、目标设定以及实施策略等多个领域，形成现代化农业发展规划，简称"农业规划"。做好规划的编制与实施工作不仅要处理好行政权力与市场机制的平衡，同时也要解决市场失灵这一难题。尤其是农业，作为一个关乎国计民生和国家安全的基础产业，不能完全依赖市场调节，也不能完全依赖政策支持，而是应该依靠有效的规划来实施政府对农业发展的相关政策，进一步调节市场机制的运作效果。

我国政府自始至终高度重视现代农业规划的制定。例如，根据"十二五"规划，2012 年国务院首次公布了引领我国现代农业建设的《全国现代农业发展规划（2011—2015 年）》；"十三五"规划期间，国务院再次公布了《全国农业现代化规划（2016—2020 年）》；2015 年，由农业部等八部门联合推出《全国农业可持续发展规划（2015—2030 年）》；紧接着，2016 年农业部还制定了《全国种植业结构调整规划（2016—2020 年）》；到了 2017 年，农业部又出台了《种养结合循环农业示范工程建设规划（2017—2020 年）》；2020 年，农业农村部出台了《全国乡村产业发展规划（2020—2025 年）》，等等。这些国家层面的宏观战略规划都勾画出了行业发展的方向，明确了各个阶段的工作计划，对把握国家现代农业发展趋势有着至关重要的作用。

现代农业发展规划可以从产业体系和空间布局两个方面进行描绘。其中，产业体系规划是布局规划的基础，它决定了农业规划的主要方向。具体而言，产业体系规划主要涵盖了分析自然资源与社会经济环境、确定产业发展定位、目标设定、主要考核指标，建立健全产业体系，设计农业生产与经营制度，筹划重点建设项目等关键步骤。至于产业布局规划，则是将产业体系与结构概括于地理空间分布上，通过对自然资源状况与现有状态的分析，确定区域农业产业发展的主体区域，评价产业结构规划的科学性与可行性，进而确立重要的产业功能分区，对于产业规划中涉及的基础设施和专业化服务设施也进行了合理布置。所以，对于农业规划来说，产业布局规划是一个非常重要的部分，它直接决定了整个规划的科学性和可行性。

（三）农业产业布局规划分类

1. 规划制定者的角色定位

农业产业布局规划根据制定主体的不同，可分为政府主导型和企业主导型两大范畴。政府主导型农业产业规划注重产业的合理布局和稳健发展，其内容涵盖农业产业发展目标和体系指导，以实现整体区域农业业态的合理分布，同时借助政府支持农业发展的资金、法律法规以及行政指令等手段实现目标。而企业主导型农业产业规划更注重经济效益，受制于自然资源和政府的产业扶持政策，企业通过自身投资和融资方式，综合考虑投入和经济收益，比较多种产业布局方案，以追求企业利益的最大化。

这两者的主要区别在于：

（1）目标设定。政府主导的规划目标更侧重于产业的持续发展、农民收入提高和生态环境保护等公共利益的实现；而企业制定的目标主要强调企业利润最大化。

（2）资源调配。政府主导的规划充分利用公共财政、政策法规、公共干预等资源优势，相对于企业主导规划来说，其编制与执行的约束性较小；相反，企业主导的规划受限于企业自身的资金和特定地块使用权限，受制于固定预算，只能按照可承受的成本设定目标和筹划各项工作。

2. 规划聚焦对象

按规划对象展开，农业产业布局规划可分为区域综合布局规划和产业部门空间布局规划两个类别。区域综合布局规划以特定的地理或行政区域为框架，全面剖析该区域的自然资源、交通区位、经济社会发展现状以及农业现存布局情况等因素，明确区域农业产业的发展目标和方向，并进行全方位的农业产业空间布局和其他规划事项的综合规划。产业部门空间布局规划以某一或多个农业产业部门为核心，通过评价该产业的当前状态和资源状况，确定发展目标和指标，然后筛选适宜该类型产业发展的地区作为重点，进行区域化的产业布局和其他相关规划事宜的策划。

3. 依据规划层次

农业产业布局的规划涵盖多个层次，从宏观到微观，从全国到具体基地。每个层次的定位、目标、关注点和限制条件各不相同。

（1）宏观区域层面。宏观规划覆盖全国或省级范围，主要关注农业产业的整体结构和现状，分析产业发展特征和问题，评估自然资源、经济资源、开发潜力、市场前景和社会价值，提出农业产业体系及战略发展方向，解析其宏观效益，明确相关政策手段以解决制约因素问题，构建全域农业产业布局的总体框架。

（2）中观地区层面。中观规划针对县市区级范围，特别关注农业区与中心城区之间的互动关系。需要回答的问题包括：本区域农业在上级体系中的角色与分工，城市对农业产业的需求及变化情况，农业各部门的优劣势分析，设定农业发展目标、总体定位和主导产业，审视城市化进程对农业发展的影响，确认主要农业产业功能分区，设定大型农业产业化项目所在地，配合重大交通和基础设施建设，筹建农田水利和专业化社会服务设施。

（3）微观企业层面。微观规划针对农业企业产业化基地，需深入研究位置及交通条件，理解周边产业趋势，了解土地资源、气候、环境等自然条件，同时也要关注村落、企业等不动产和污染物状况。经过综合分析，提出建设目标、产业类别及技术实施方案，制定区划及功能分区计划，设立重要建设项目，布置内部道路、绿化、水系等系统。

（四）农业产业布局规划原则

1. 严格落实政府农业政策

农业乃国计民生之基，其重要性不可忽视。然而，由于农村发展相对滞后，农业需要更进一步的支持。因此，在设计地方农业产业布局以及企业涉农项目时，务必坚决执行国家和地方关于推动现代农业发展的政策法规，充分利用各项优惠政策，从而提高规划方案的可行性。

2. 善用自然资源环境

尽管科技日益发达，自然资源环境对农业产业布局的限制正在逐步减弱，但技术应用所需的企业及社会成本却日益增加。因此，各地方在制定农业产业布局规划时，应以此为基础，适应各地不同情况，以求规范适度，力避冲突。遵从自然法则，充分发掘并开发当地资源，发挥地域特色，推动地区优势农业的快速发展，降低农业生产成本，实现更高的经济效益。特别对于大宗农产品如粮食、食用油的生产来说，自然资源环境的依赖程度较高，应确保这些相关产业和作物尽可能分布在条件最好的地区。

3. 发挥地域经济社会优势

现代农业价值链的提升依赖于农业区所处的地理位置和经济社会发展水平。农业产业布局规划应尊重现代产业及市场经济规则，把握交通网络，深化商品农业发展。发挥地方科技实力、农业精英储备、农业信息资源、市场规模及其需求等优势，持续推动科技农业、信息农业、机械化农业及城市现代化农业的发展。结合市场需求变动进行调整，进一步提升农业质量和效益。在此基础上，农业产业布局要稳定农业的主导地位，同时着重培养和发展农业的其他衍生功能。

4. 加强各产业部门间协同效应

现代农业以综合化为主要特点，其规划中的生态农业建设成为核心目标。各地区农业部门共享自然条件及社会经济资源；而前端和后端部门又在物资能源交换以及产业链条中形成紧密联系，因此，各产业部门间有协同效应的内在基础。在农业规划进程中，布局规划必须深入落实产业结构内涵，精心设计空间布局和调度经济要素，以便让关联产业集中在同一地区，进而实现产业间物流及企业利润密切融合。

5. 追求整体效益最大化

农业规划首当其冲要满足多样化市场需求，推动产业化经营目标以及实现从业者的经济收益。此外，还需通过调整产业布局，实现经济、生态、社会及资源效益全面提升，符合国家及地方农业发展要求，保障农民收入稳步增长并营造优质生态环境。尤其对于中等城市地区的农业布局规划，更需要妥善处理城市对农业多元功能需求与城市扩张之间的矛盾。农业布局规划必须与城市整体规划以及土地利用规划等专业规划相辅相成，进而实现产业发展、城市安全及经济、社会、生态可持续发展等综合效益。

（五）农业产业布局规划编制程序

高效精准的现代农业政策制定需要坚实的规划支持，其中，合理科学的规划方式和程序是规划科学性、前瞻性和可行性的保障。本部分首先回顾一般的规划流程理论演进史，然后归纳出适合农业产业布局规划的方法和程序。

1. 经典规划程序及其批判

在 20 世纪初，苏格兰生物学家及区域规划专家格迪斯提出的"调研—分析—规划"（SAP）三阶段流程成为当时城市规划的行业标准。然而，到了 20 世纪 70 年代，这种方法逐渐被更具系统性与理性的规划理论所代替。法卢迪对该流程的批评揭示了其在问题界定和目标设定方面的缺陷，认为规划应是一种多重发展方案及其影响结果的集合体，并且承认实际规划工作应包括执行和反馈环节。

2. 系统与理性规划理论及其应用

自 20 世纪 40 年代末期出现的系统工程和理性决策理论为规划和决策提供了新的视角和实践方法。整合各类具体规划工作程序，大致可概括为以下五个阶段：

（1）明确问题或发展目标是规划之初的重要步骤，缺乏这一步骤规划便失去了意义。

（2）对规划对象现状进行详尽分析，结合未来发展目标构建多样化的规划方案和相关措施。这些方案应具有连续性且能应对多种情境变化。

（3）有针对性地评估和筛选这些方案，以确定最优的主导方案和政策。

（4）将整体规划和宏观政策细化为各级行政机构乃至公共部门的工作计划和行动方案，通过实际落实实现规划目标。

（5）在整个规划实施过程中，持续关注修正和调整规划成效，收集各方意见，进行效果追踪和反馈，以便进一步改进和完善规划内容。

3. 规划决策模型分析

根植于系统规划理论的三段论并归纳于完全理性决策模型，决策者须依据全面而翔实的信息做出理性决策。通过强化各规划元素间的本质联系，构建严谨的逻辑网络或框架。这种决策方式重视规划对象的系统性以及工作流程的绝对理性。然而，诸多实践表明，实现绝对理性甚难，尤其是对于规划对象深入细致的研究或资料收集，常面临耗时长且代价高昂的困难。此外，达成完美的规划目标与内容通常具有挑战性。

当认识到绝对理性只是理想化模式，对实际决策帮助甚少后，有限理性决策理论便应运而生。该理论指出，由于人类知识的有限性、预测精度的限制、可能选项的稀缺性以及时间的紧迫性等因素，理性表现为徘徊在完全理性与彻底非理性之间的临界值——有限理性。根据这一理论，决策者只能力求在自身能力可承受的范围内设立政策目标的初级要求，依次检视各类备选策略，选择"过得去"的决策方案，并在实施过程中持续评估，以修正现行决策的缺陷，提升决策品质。

为了解决各类决策模型的问题，分立渐进决策模型被提出。其核心思想强调妥协性目标设定及其理念转变。具体来说，预期目标并不需要极致的完美，规划内容不必涵盖所有层面，而是着重吸取前期工作的经验教训，尤其是过去政策所产生的实际效果。基于此，现行规划只需进行适度调整即可。除此之外，为均衡这些决策模型的不足之处，折中混合模型等其他类型的决策模型也被相继提出。

4. 农业产业布局规划程序

受到现阶段国内城乡规划编制模式的制度约束，农业规划实质上沿用了格迪斯的固有范式，理性决策模型主导着规划过程。这种方法的功用表现为详细多样、结构严肃的规划需求超越了规划团队所能承受的能力（包括行政地位、数据、资金以及时间等）。然而，相对稳定的规划目标体系往往无法适应瞬息万变的经济社会及市场需求，过分追求规划的系统完善度抑制了规划的实效性与价值。原本应当具备预测与指导意义的规划，反而沦为了上层规划和政策的传声筒。

考虑到当代农业产业发展背景及实际需要，对于各级各类深度规划，需重新审视现代农业发展规划（包含布局规划）的执行步骤。例如，国家级和地域级别的农业布局规划具有鲜明的政治色彩，首要任务在于引导基层的现代农业产业蓬勃发展。这类规划基于宏阔的自然条件和社会发展大势，确立产业发展战略方向，从宏观的角度进行效益评估，并且在全国或区域范围内进行跨领域的产业布局。这类规划的实质决定了它的编制必然是概括提要和战略性的，工作流程可以简要概述为"目标—分析—规划"，实施的决策模型倾向于独立且递增的方向。

而在地方或公司级别的农业规划中，着力点在于推动当地经济繁荣、增加企业收入，政治色彩相对薄弱，规划目标要紧密贴合现实经济社会的需求以及可行性，这是这个层次规划的显著特点。这类农业规划（包含布局规划）的工作流程着重体现出系统性特征，即以目标或问题为主导，全面分析地区或公司所面对的自然与社会经济状况，巧妙借助多元规划方案实现最佳收益，然后不断检验改进。根据规划决策模型来看，此类规划具备一定的理性决策特性且相应的综合实力较为强大，但必须摒弃那种无所不能、系统全面的理念，把每一项规划视为单独案例，划定清晰的核心目标和关键问题，逐步从全盘理性转向有限理性或为独立部分渐进式的模型。

（六）规划主要内容

下面以政府主导的地域范围为实例，阐述农业产业布局规划的关键要素。根据前述介绍，这一层级的规划目标在于通过合理部署农业产业，推动农业发展，从而更好应对经济社会的变化和挑战，具备明显的可行性和相应强制力。由于不同地区的具体情况及目标有所差异，因此每个规划应作为独立个案处理，而非按照通用标准执行。尽管如此，所讨论的这类规划仍具有普遍特性。

1. 现状条件分析

从空间角度细致分析规划区内现代农业发展所需各类资源的现状水平。现代农业的发展不仅依赖于自然资源，还受到经济社会环境的制约。然而，随着科技的进步以及各种工程手段的运用，虽然自然条件的约束有所减轻，但要想满足市场需求，仍然需要以尊重自然规律为主导，开发利用好现有的自然资源潜力，避开可能出现的限制因素，大力培育有特色和竞争力的农业项目。

综合评估的范围包括区域地貌、土壤类别、水资源情况、地质构造等自然条件，还有日照、温湿度、降水等气候条件，以及动植物生态群落等生物资源。为了便捷地进行产业布局规划，上述各类相关信息必须实现空间化。

经济社会环境是影响现代农业发展及其布局的关键变量，例如地方特色农产品、农业生产传统、各个行业部门的发展现状等农业发展状况，现有农村产业的分布格局，城乡经济发展情况以及市场特点，当地人口及劳动力数量、素质与分布情况，农村交通及农业基础设施条件，农业和生物科学研究趋势及其推广情况，主要的农业生产资料市场与农副产品批发零售市场，专业化的社会服务设施，人口聚居地及工业农业主要污染源及其特征等。对于这些信息，同样需要进行空间化处理。

2. 农业发展空间及对策

借助地理信息系统等先进工具，深入剖析规划范围内农业自然、社会资源的现状与约束条件以及现有农业产业项目的空间分布情况，因地制宜，对规划区域的农业生产布局进行多角度的诠释。根据规划区域现代农业发展愿景，协调城乡规划、土地利用规划、生态环境保护规划等各项规划因素，筛选出现代农业发展的战略要地，建立现代农业的总体框架和各功能区域的分工，提出相应的发展策略。

3. 分类分区产业空间布局

从分区和产业部门两个层面，规定规划区域现代农业发展的具体要求，适时推动产业发展，并进行必要的调控和引导。针对辖区行政单元，设定分区产业空间规划准则，依托对自然环境和社会条件的分析，列出分区产业发展的正面和负面清单。以产业体系规划为导向，逐个分析农林牧渔等主要产业的自然资源、发展基础、市场前景、农业政策走向；将它们分为重点、优先、一般、限制、禁止发展等类别，制定相应的引导和约束措施；选中主要产业主体生产区，制定产业用地配置、总体规模与空间位置等规划。

4. 重点项目策划

遵循农业产业发展目标，对规划区域内所有类型的农业园区、示范区、重要产业化项目、重大农业基础设施项目（库）、农业专门化社会服务设施的建设目标、规模、选址以及建设重点进行全面部署和分析。重点推进近阶段建设任务，提出保障规划落实的具体措施。

第三节 现代农业发展的政策支持

一、现代农业支持的必要性

（一）农业的弱质性

农业产品所特有的属性决定了其在市场中的稀缺性。其生产周期长且易腐烂，需求弹性小且容易受市场波动影响。由于农产品属于生活必需品，需求变化相对于价格变动反应迟缓，这导致了农产品市场呈现出"蛛网模型"中的"发散型"特征，即价格波动对农民收入的影响呈现出一定的滞后性，这一现象在经济学中被称为"谷贱伤农"。此外，自然灾害频繁发生也给农业生产带来了周期性的压力。农产品市场过度依赖市场调节，过度的市场波动常常导致农产品价格不合理，从而影响农民的收入增长。

（二）农业的外部性

农业不仅为工业提供原材料，还具有生态保护功能，因此承受着来自工业发展和环境污染等外部压力。这些外部压力和挑战需要政府的干预，通过制定科学合理的农业政策来改善现行市场机制的不足。

二、农业支持政策的基本类型

根据 1993 年 WTO《乌拉圭回合农业协议》的相关规定，农业政策措施主要分为国内政策和国际贸易政策两大类别。国内政策主要针对国内市场形势进行调整与控制，而国际贸易政策则包括市场准入政策和出口竞争政策两种形式。

具体而言，国内支持政策可分为三大类别：无实质影响或影响微弱的政策；具有明显扭曲效果的政策；以及采取价格支持措施的同时限制农作物数量和养殖规模的政策。

国际贸易政策则主要涉及进口限制政策和出口推动政策。在我国，农业政策主要包括粮食安全保障政策、激励农产品生产者积极参与生产活动的政策以及保障重要食品稳定供应的政策（如"米袋子""菜篮子"工程等）。

（一）国内支持政策

国内支持政策是指国家利用各种政策工具，针对农业和农民实施的各项财政支出项目。这些政策的实施范围广泛，既包括农产品市场的调控与保护，又涉及农用物资的财政补贴与直接对农民的扶持。同时，还包括政府承担的农业科技推广、基础设施建设以及提高农民生活品质与环保等方面的各种项目经费支持。这些政策对农业生产和国际贸易产生着重要影响。

根据《农业协定》附件二的规定，"绿箱"政策应该是对贸易干扰极小甚至没有负面影响的措施。要判断一项政策是否属于"绿箱"政策，有两个关键的判断点：①这项政策的资金来源必须来自政府公共预算（包括税收优惠），而不是来自商家或消费者。②这项政策不应该引发与价格干预同等的负面效应，因为价格干预会带来更明显的负面影响。

"绿箱"政策具有以下重要特征：①政策公开透明，有明确的规则和标准，不可随意变动。②与生产模式和产量无关。③不涉及价格调控。④补偿性补贴不应过高，以免超出实际损失。

"绿箱"政策涵盖了多个方面，包括政府提供的普通农业服务、粮食储备金补贴、国内食品援助、对产粮户的直接支付、不附带收益的补偿、政府对收入保障和风险管理计划的资金投入、自然灾害救助支付、用于退休计划、基于资源储放办法的结构调整基金、政府参与投资援助、环保支持以及地区援助基金中的用于支援贫困地区的资金。

"黄箱"政策中价格支持的三大实施手段如下：

（1）支持性收购/保护价收购。当市场价格低于政府所设支持价格时，农户有权向国家以该价格售粮；一旦市价高于支持价，则可自由选择市场自主交易。这种模式在包括美国在内的许多发达国家以及发展中国家中得到应用，旨在保障农户收入稳定性。目标价格政策，通过设定预期目标价并针对两者差异向农户发放补贴。欧盟从 1962 年延续至 20 世纪 80 年代后期执行内部市场价格政策，将高于世界市场的优越性演绎得淋漓尽致。

（2）营销贷款援助。农业信贷系统重塑民营银行支持农民生产的角色，主要贷款项目包括地产抵押、中期及短期业务运营、产品生产销售等，更为精准的资金资助缓解了农民压力。

专门用于农业合作社的财政支持项目开始涌现，以德国合作社为例，它为农民塑造了相互扶贫的社会变革力量。

作为农场主担保贷款和直接发放贷款的关键渠道，联邦农场主家庭管理局在实践中发挥了举足轻重的作用，高达 90% 的信用担保现象尤其值得关注。

与此同时，欧洲联盟致力于运用银行信贷工具，为农业从业者提供广泛并具优惠性质的贷款服务。法国全国性农业信贷银行和区域性的农业互助信贷银行等金融机构提供包括短期、中期乃至长期的各种贷款项目。此类农业贷款的利率普遍较低，大致维持在 6%～8%，相较而言仅为非农业贷款利率的约 50%。政府根据贷款数量的增长提供相应的补偿，以减轻银行间的利息差异。

（3）补贴计划。如按土地面积和牛羊头数提供的补贴。此外，还涵盖种子、化肥、灌溉设备等多种投入的补贴以及符合条件的特定贷款补贴。这类被归入"黄箱"政策范畴的补贴方案，其核心目的在于降低农业生产成本以提升农业运营者收益，然而这也可能对农产品产量产生直接影响。

对比之下，"蓝箱"政策则聚焦于如下内容：①按固定区域或产量发放的补贴；②以基期生产水平的 85%（含）以下为依据的补贴方案；③根据确定头数所提供的牲畜补贴。

（二）进口限制政策（市场准入政策）

农业进口限制政策是各国针对入境农产品及相关加工业制定的全面管理与约束措施，包括关税及非关税手段。

在关税方面，大多数国家对农产品征收关税。非关税措施包括进口数量控制、进口差价税、最低进口价格设定与酌情颁发进口许可证等。此外，国有贸易企业实施的非关税措施，以及自动出口限制等也是常见的。除普通关税之外的边境措施，也属于这一范畴。

为维护农业权益，美国政府长期以来采取多重进口限制政策，具体如下：

1. 关税

相较于整体水平，美国对农产品所征收的关税同比大幅提高，尤其对食品、饮料、烟草等商品实施了更高水平的关税。

2. 关税配额

依然有部分农产品受制于关税配额制度，比如牛肉、奶制品、谷物、糖、糖制品、花生、棉花、烟草等。以 2000 年为例，配额外的最惠国关税最高达到了惊人的 350%。值得注意的是，不同年份和种类的关税配额也会有所变动。

3. 进口许可证

美国对诸多农产品实施了进口许可证制度，涵盖乳酪、牛奶、黄油、奶油、活牲畜、家禽、鸡蛋、哺乳动物及其制品、生物制品、鱼类、野生动物、植物及植物制品等。

4. 卫生与植物检疫要求

美国严格的检验检疫程序以及繁杂的标签管理为农产品进口带来了诸多不便与额外成本，甚至可能影响到正常流通。目前来看，这已逐渐成为非关税贸易壁垒的主要表现形式之一。举例来说，任何出口至美国的商品都需要通过多个部门、环节的审查与审批，过程耗时而繁琐，甚至会引发商品进入美国市场的延误。此外，繁琐的海关抽样与审批程序无疑增加了货物进口与销售成本。

5. 技术贸易壁垒

美国在食品安全保障方面实施了严格的技术贸易监管，采取了高标准的法规、规范、强制认证及检疫制度等措施。特别是在食品与水产品行业，美国联邦采取了更为严厉的管控措施。例如，1973 年，美国食品药品监督管理局（FDA）首次推出了 HACCP（危害分析和关键控制点）质量保证体系，该体系全面覆盖了食品从生产制造到最终消费的整个过程。1995 年，FDA 制定了《加工和进口水产品安全卫生程序》，强制要求所有出口至美国的水产品工厂实施并注册 HACCP 管理系统。2001 年 1 月，FDA 又制定了新的法规，将果蔬汁纳入 HACCP 管理范围，使其成为继水产品、肉类及奶制品之后的第四大类产品。

6. 美国 FDA "自动扣留" 政策

作为美国食品药品监督管理局（FDA）实现对进口食品有效管理的重要举措之一，"自动扣留" 政策明确规定：一旦被判定为 "自动扣留" 的商品抵达美国港口，只有在美国实验室检验合格后才能允许销售。FDA 将判定需要执行 "自动扣留" 的产品，有以下几种情况：首先，样品测试结果显示可能对人体健康构成潜在威胁，如含有有害成分、农药超标、环境毒素、致病菌、化学污染等；其次，已掌握无可争议的证据表明某些产品或某个国家的食品可能对人类健康造成损害；第三，其他国家政府部门提供的报告称此类产品可能对人类健康构成威胁；最后，多次样品测试结果不合格，尽管一些问题对人类健康无直接影响，例如食品变质、外来物质、杂质、商标问题等。

针对被采取 "自动扣留" 措施的进口食品，在美国各口岸海关需由美国 FDA 认可的实验室进行检测，并在经过 FDA 当地分支机构审核通过后才能获得放行。这一政策类似于建立贸易壁垒，会涉及众多国际贸易及国内企业，从而增加全球食品贸易出口成本、延长交易时间，增大产品质量控制风险，进而达到保护本国贸易的目的。美国法律规定，注册于美国的外国企业需委派美国代理人从事相关业务，并承担昂贵的境外代理费用。

（三）出口促进政策（出口竞争政策）

出口多元化政策是出口国政府为提升本国农产品在国际市场的竞争力而实施的出口环节支持手段。国内支持主要指各国政府向农业生产者提供各类支持，如农业投入补贴、农民收入保障等，其影响多为间接地影响农产品国际贸易。而出口促进政策则专注于农产品出口，因为其更为直接，但可能导致不公正的贸易竞争。出口多元化政策的主要形式是出口补贴。

出口补贴包括以下几种方式：

（1）政府或其代理机构通过直接形式，例如实物补偿，向企业、行业、农业公司、农民合作社或销售部门提供补贴。

（2）政府可能以低于市价的价格向出口企业供应（非商业性）农产品存货，以促进产品出口。

（3）针对农产品出口，政府可以采取支持措施，如出口退税。

（4）政府还可能投入资金以保障农产品在降低出口营销成本方面的开支，例如包装、质量提升等加工费用，以及国际运费补贴等。

（5）政府可能会补贴国内运输和装载费用，以确保产品在国际市场上具有竞争力。

（6）政府可能会对包含在出口商品中的农产品提供专项补贴。

截至 2020 年底，世界贸易组织（WTO）共有 25 个成员国（包括欧盟）针对 428 种农产品实行了出口补贴政策。据统计，1998 年全球农产品出口补贴额为 62.05 亿美元，占当年出口总额的 4.1%。其中，欧盟是出口补贴的主要提供者，占据全球 90% 的份额，瑞士次之，约占总量的 5%，而美国则贡献了 2% 的份额，排名第三。值得注意的是，经济合作与发展组织（OECD）中的欧盟、瑞士、美国和挪威提供了占全球 97% 的出口补贴份额。

需要注意的是，《补贴与反补贴协定》规定出口信贷、出口信贷保险担保以及出口信贷保险的优惠政策也应视为出口补贴。然而，在 WTO《农业协定》中，关于农产品出口信贷的约束及如何进行减让，并未达成共识，仅决定通过进一步谈判来确立出口信贷、出口信贷担保以及出口信贷保险的相关规定。出口信贷的使用并未包含在报告范围内，根据估计，目前出口信贷规模大约占据全球农产品出口总额的 5%。其中，美国是最大的出口信贷提供者，其比例约占出口信贷总量的 50%，其次依次为澳大利亚、欧盟和加拿大，以上四个国家合计占全球出口信贷总量的 99%。在出口信贷的使用对象中，主要集中在经济较为发达的国家，约占三分之二的出口信贷发生在 OECD 国家之间。

三、我国主要的农业支持政策

（一）农业农村投入稳定增长机制

自 20 世纪 90 年代以来，尤其是 1996—1998 年间，农民负担加重问题逐步显现。在此背景下，中共中央于 1996 年 12 月发布了《关于切实做好减轻农民负担工作的决定》。这一重要文件明确指出，农民负担过重已成为影响农村改革、发展和稳定的主要因素之一。若不能有效解决，将妨碍国民经济和社会发展"九五"规划和 2010 年远景目标的实现。因此，这一任务刻不容缓，事关基层政权的稳定和国家大局的稳固。

随着时间推移，减负政策不断演化和深化。例如，1998 年 10 月，党的十五届三中全会通过的《中共中央关于农业和农村工作若干重大问题的决定》在"减轻农民负担"部分采用了"多予少取"原则。此后，安徽省及其他地区自 2000 年起开始实行农村税费改革试验。此举旨在从根本上遏制对农民的各种乱收费现象，进一步减轻农民负担。具体措施包括取消某些行政事业性收费和政府性基金、集资；废止屠宰税；免除劳动积累工和义务工；调整农业特产税政策，改革村提留征收使用规则等。

2001 年 1 月，中央农村工作会议提出了"多予少取放活"的理念，作为增加农民收入的总的指引。其中，"多予"意味着增加农业和农村投入，改善基础设施建设，促进植树造林以提高农民收入；"少取"则涉及农村税费改革，确保减轻农民负担，使农民有充足的休养生息机会；而"放活"主要指向全面贯彻落实党在农村的相关政策，调动农民积极性、主动性、创造性，使农村经济繁荣并为农民开辟多种增收渠道。

自 2002 年始，全国 20 个省份开始实施税务改革试验。随后的一年，农村税费改革迅速全面推行。2004 年 9 月，党的十六届四中全会深入分析了工业与农业、城市与乡村之间的互动关系，强调在初步工业化时期，农业对工业的支持具有普遍性，然而随着工业化进程的加深，工业应逐渐转变为支持农业，以实现工农、城乡平衡发展。同年 12 月，中央经济工作会议再次确认我国已经步入以工促农、以城带乡的新型发展轨道。

2005 年 12 月，第十届全国人大常委会第十九次会议通过决议，废除了农业税条例，宣布自 2006 年 1 月 1 日起正式生效。这一决定实质上解除了 9

亿农民长达 2 600 多年的农业税负担。随后，2006 年中央发布的《关于推进社会主义新农村建设的若干意见》再次强调我国已经进入以工促农、以城带乡的发展阶段，并具备了更大规模支持农村的能力和基础。该文件明确了"工业反哺农业，城市支持农村"和"多予少取放活"的农村建设指导方针，并提出了"加快建立以工促农、以城带乡的长效机制"的措施，包括确保国家财力投入农业比例、预算内固定资产投资和贷款投放等方面以适当调控历史累积量为主的原则。此外，该文件还强调了国家财政投入农业、农村领域的增量需超过上一年度。

2007 年，中央 1 号文件《关于积极发展现代农业扎实推进社会主义新农村建设的若干意见》进一步明确，各级政府应逐步增加对农业的投入，确保投入金额高于财政经常性收入的增长速度。

2010 年 12 月召开的中央农村工作会议作出了重要决定，大幅提升了对"三农"领域的投入。会议强调了加强并完善现有的强农惠农政策，并严格执行"三个重点、三个确保"原则：即政府财政支出要重点倾斜于农业农村，确保资金总量和增量都能有效提升；投资预算应注重将大量资源投入到农业农村基础设施建设中，以提升投资总量和比例；土地出让收益的部分主要应用于农业土地开发、农田水利和农村基础设施建设，保证提取金额充足且专款专用。

2014 年，中共 1 号文件《关于全面深化农村改革加快推进农业现代化的若干意见》提出构建"三农"投入稳定增长机制。该文件提出，必须坚持稳定增长的投资原则，并探索创新、吸引多元化的"三农"资金来源。为实现这一目标，可采用贴息、奖励、风险补偿和税收减免等措施，引导更多金融和社会资本投入农业和农村发展领域。2017 年，中国共产党第十九次全国代表大会提出实施乡村振兴战略，将农业农村摆在了首要位置，主张建立完善的农业支持和保护体系，力求形成财政率先保障、金融重点倾斜以及社会资本积极参与的多元化农业农村投入模式。过去几年里，各级财政对农业农村发展的支持力度显著增加，以 2018 年为例，全国一般公共预算中用于农林业、水利方面的资金高达 2 万亿元，实现了历史性的突破。

（二）耕地保护与可持续发展机制

我国的人口众多，尽管国土面积辽阔，但人均耕地面积较小，特别是在地理环境优越的地区。尽管我国具备农业生产条件的整体优势，但实际上占据优势条件的耕地面积依然低于劣势地区。因此，坚守耕地保护政策，控制耕地转为非农用途已成为耕地保护的首要原则。自改革开放以来，我国采取的耕地保护措施多以新增耕地面积、提升耕地总量为主导方向。

1978年《政府工作报告》明确指出，在追求单产提高的同时，应在避免损害水土保持、林业、草场及渔业资源的前提下，有序组织国有农场与人民公社进行荒地开垦，实现耕地逐年稳健增长。而1981年的《政府工作报告》更进一步强调了，基础设施建设和农村房屋兴建必须严控占用耕地行为。在1986—1997年，我国耕地保护法治体系逐步建立，1986年的中央7号文件规定"珍爱并合理使用土地、恪守耕地保护"，同时发布了《中华人民共和国土地管理法》（以下简称《土地管理法》），开启了我国耕地保护的新时代。随后，在1991—1994年，国务院陆续颁布了一系列耕地保护相关的政策法令。尤其值得称赞的是，1998年新修订的《土地管理法》以法律形式确立了"十分珍惜、合理利用土地和切实保护耕地"是我国的基本国策。然而，伴随着入世之后经济飞速发展以及城镇化进程推进，2001—2007年国内耕地面积出现大幅萎缩，从原先的19.14亿亩降至18.26亿亩，下降幅度高达4.5％。尽管政府持续调整耕地政策，形势依旧严峻。意识到问题严重性，2008年中央发布《关于推动农村改革发展若干重大问题的决定》提出确保永久性耕地18亿亩的底线不动摇。过去十年间，通过土地开发、整治和复垦等多样化手段，全国耕地增加4.3亿亩。2012年发布的《全国土地整治规划（2011—2015年）》中提出，未来五年内要建成旱涝保收的高标准基本农田4亿亩，整治后的基本农田质量得以平均提升1级，新增耕地2 400万亩，力争全国耕地保有量维持在18.18亿亩水平，粮食亩产增加100千克以上，同时整改农民住宅用地450万亩。需要严肃对待的是，耕地绝对保护对于保障粮食生产系统稳定运行及其安全防护具有举足轻重的意义，对于确保国家粮食供应具有重要的现实价值。党的十六届三中全会强调，我国要实行最严格的耕地保护政策，全力保障国家粮食安全。作为全球人口大国，人均耕地短缺始终是影响我国粮食生产的核心问题。强化耕地保护力、提升耕地品质，就是提升农业基础生产力的重要手段，是推动农业发展至关重要的步骤。在2018年党的十九大之后，党中央发布《关于实施乡村振兴战略的意见》，重申要全面采取永久性基本农田特殊保护制度，大力推广农村土地整治项目和建设高标准农田，稳步提升耕地质量。

根据《土地管理法》，《土地管理法实施条例》《基本农田保护条例》的规定，当前对耕地采取以下保护举措：

1. 土地用途管制

《土地管理法》第四条提出，"国家实行土地用途管制制度""国家编制土地利用总体规划，规定土地用途，将土地分为农用地、建设用地和未利用地。严格限制农用地转为建设用地，控制建设用地总量，对耕地实行特殊保护。"

2. 耕地总量动态均衡

《中华人民共和国土地管理法》第三十二条指出："省、自治区、直辖市人民政府应当严格执行土地利用总体规划和土地利用年度计划，采取措施，确保本行政区域内耕地不减少、质量不降低。耕地总量减少的，由国务院责令在规定期限内组织开垦与所减少耕地的数量与质量相当的耕地；耕地质量降低的，由国务院责令在规定期限内组织整治。新开垦和整治的耕地由国务院自然资源主管部门会同农业农村主管部门验收。个别省、直辖市确因土地后备资源匮乏，新增建设用地后，新开垦耕地数量不足以补偿所占用耕地的数量的，必须报经国务院批准减免本行政区域内开垦耕地的数量，易地开垦数量和质量相当的土地。"

3. 耕地占补平衡

《中华人民共和国土地管理法》第三十条明确指出："国家实行占用耕地补偿制度。非农业建设经批准占用耕地的，按照'占多少，垦多少'的原则，由占用耕地的单位负责开垦与所占用耕地的数量和质量相当的耕地；没有条件开垦或者开垦的耕地不符合要求的，应当按照省、自治区、直辖市的规定缴纳耕地开垦费，专款用于开垦新的耕地。"

4. 耕地保护目标责任制度

《基本农田保护条例》指出："县级以上地方各级人民政府应当将基本农田保护工作纳入国民经济和社会发展计划，作为政府领导任期目标责任制的一项内容，并由上一级人民政府监督实施。"

5. 基本农田保护制度

《中华人民共和国土地管理法》第三十三条规定："国家实行永久基本农

田保护制度。"包括基本农田保护责任、保护区用途管制、严格占用审批及补足平衡、质量保护、环境保护、监督检查等系列保护环节及制度。

6. 农用地转用制度

《中华人民共和国土地管理法》第四十四条明确指出："建设占用土地，涉及农用地转为建设用地的，应当办理农用地转用审批手续。永久基本农田转为建设用地的，由国务院批准。在土地利用总体规划确定的城市和村庄、集镇建设用地规模范围内，为实施该规划而将永久基本农田以外的农用地转为建设用地的，按土地利用年度计划分批次按照国务院规定由原批准土地利用总体规划的机关或其授权的机关批准。在已批准的农用地转用范围内，具体建设项目用地可以由市、县人民政府批准。在土地利用总体规划确定的城市和村庄、集镇建设用地规模范围外，将永久基本农田以外的农用地转为建设用地的，由国务院或国务院授权的省、自治区、直辖市人民政府批准。"

7. 土地开发整理复垦制度

《中华人民共和国土地管理法》第三十九条指出："国家鼓励单位和个人按照土地利用总体规划，在保护和改善生态环境、防止水土流失和土地荒漠化的前提下，开发未利用的土地；适宜开发为农用地的，应当优先开发成农用地。"第四十二条指出，"国家鼓励土地整理。县、乡（镇）人民政府应当组织农村集体经济组织，按照土地利用总体规划，对田、水、路、林、村综合整治，提高耕地质量，增加有效耕地面积，改善农业生产条件和生态环境。"第四十三条规定，"因挖损、塌陷、压占等造成土地破坏，用地单位和个人应当按照国家有关规定负责复垦；没有条件复垦或者复垦不符合要求的，应当缴纳土地复垦费，专项用于土地复垦。复垦的土地应当优先用于农业。"

8. 土地税费制度

《中华人民共和国土地管理法》指出，建设单位在占用耕地时，如果无法开垦或开垦后的耕地不达标，则应按规定向政府交纳耕地开垦费，以促进新的耕地资源开发。对于土地的闲置或荒芜，相关主体也应按照规定缴纳相应的闲置费。

9. 耕地保护法律责任制度

《中华人民共和国刑法》（2020年修订版）第三百四十二条指出，"违反土地管理法规，非法占用耕地、林地等农用地，改变被占用土地用途，数量较大，造成耕地、林地等农用地大量毁坏的，处五年以下有期徒刑或者拘役，并处或者单处罚金。"第四百一十条明确指出，"国家机关工作人员徇私舞弊，违反土地管理法规，滥用职权，非法批准征用、占用土地，或者非法低价出让国有土地使用权，情节严重的，处三年以下有期徒刑或者拘役；致使国家或者集体利益遭受特别重大损失的，处三年以上七年以下有期徒刑。"至于具体到耕地保护违法行为的行政法律责任，相关规定已在《中华人民共和国土地管理法》《中华人民共和国土地管理法实施条例》以及《基本农田保护条例》中明确规定。

（三）农产品市场调控与农业补贴制度

这方面的政策要考虑各生产方式的相对优势，包括生产工艺和流通渠道的补贴政策，以及重点农产品的保障措施。具体内容如下：

1. 农业投入品补贴政策

即对生产过程中所使用的投入品进行价格控制，并为生产者提供购买补贴。自 2001 年起，这类政策主要用于支持粮食企业的经营成本及购销差额。到了 2004 年，直接补贴总额达 116 亿元，其中良种补贴资金达 28 亿元，中央财政在此环节投入了 7 000 万元，各地级市共出资超过 4 亿元，共补贴了 9.8 万余台各类农机具的购置。截至 2019 年，中央 1 号文件已明确提出要扩大农业补贴政策的覆盖范围及目标群体，以维护耕地产权，推动农业机械化和产业化发展。

2. 粮食价格保护策略

此政策旨在通过设立政策价格来调整市场上的粮食价格，以维持粮食在政策范围内的稳定水平。当粮食市场价格降至政策价格以下时，政府将以政策价格进行粮食收购。自 2004 年起，我国开始实施粮食收购市场的价格调控政策，并在主产区对稻谷和小麦实施了最低收购价政策。近年来，由于粮食生产成本不断上升，国家连续多次提高了最低收购价格。例如，2013 年，稻谷和小麦的最低收购价分别提高到了每斤 1.39 元和 1.12 元，同比分别增长 92％和 57％。2014 年，国家取消了对大豆的收购储存政策。然而，2015 年，国家仍然在小麦的主产地实施最低收购价政策，并根据成本、市场供需、收益对比以及国际市场价格等多重因素综合考量，经国务院批准，维持了 2014 年的小麦最低收购价水平。2016 年及之后，玉米的征收储藏政策被正式废止，我国粮食储备种类和收购价格标准也有所降低，在更大程度上让市场起调节作用。

3. 直接收入补贴制度

这项政策始于 2004 年初，当时中共中央发布了 1 号文件，预示了宏观调控的强化和完善即将展开。此后，国家陆续出台了一系列政策措施，主要涉及"三补两减免"：即对种植户提供直接补贴、扩大小麦和稻谷良种的覆盖范围、对购买农业机械的农民提供补贴、取消了除烟叶以外的农业特产税、大幅度减少了农业税收。此外，这些政策还包括了支持粮食主产区发展农业产业、增强主产区粮食生产能力、放开粮食收购价格、实施粮食价格保护等。2019 年，农业农村部和财政部发布了《2019 年重点强农惠农政策》，再次强调各省（自治区、直辖市）应延续之前推动农业三项补贴改革的要求，以确保政策的连续性和稳定性，使广大农民直接受益。这些政策措施的实施有效提高了农民的生产积极性，提高了粮食产量和农民收入。

4. 重要农产品供给政策

我国高度重视重要农产品的供给，因为这直接关系到国计民生。"米袋子"和"菜篮子"两项工程涵盖了粮食种植、收购、运输和销售等各个环节，以及各种蔬菜、肉类、蛋类、水产品等农产品在城市的供应。

具体而言，"米袋子"省长负责制致力于维持粮食供需平衡，特别侧重于关键农产品的稳定供应。而农产品的稳定供应取决于保障农民的种植热情，尤其是通过采取适当的粮食流通政策和制度来实现。我国在此方面采取了一系列措施，包括粮食收购政策、信贷政策、粮食储备政策等。多年以来，"米袋子"省长负责制对确保粮食安全起到至关重要的作用。

"菜篮子"工程涉及的商品种类繁多且资源充裕。截至 1993 年，我国农副产品批发市场数量已达到 2 080 个，城乡各类市场总数高达 8.3 万个，初步形成了大市场和大规模流通的格局。自 1994 年起，该工程进入了以生产基地建设和市场体系建设并重的新阶段。1995 年该工程逐步转向区域化、规模化、设施化和高档化，并鼓励城乡共同推进该事业。同年，农业部正式公布了全国首批包括 23 个产地在内的鲜活农产品中心批发市场。此外，我国还启动了覆盖全国大中小城市范围内的"菜篮子"产品批发市场价格信息联机系统项目，旨在全面提升农产品相关行业的信息化建设水平。到 1998

年，党的十五届三中全会通过的决议明确指出，"菜篮子"项目应注重优良品种的推广、降低成本、提升效益，旨在实现均衡供给，并致力于打造名牌农产品。到 1999 年，国内"菜篮子"市场的供需状况已从极度短缺转变为基本平衡。目前，政府为提振蔬菜市场，积极推行菜市公益化，重新引起了社会各界对"菜篮子"工程的关注。

第七章　农业可持续发展

第一节　农业可持续发展的内涵与特征

一、可持续发展的提出

长期以来，人类依赖资源消耗来满足生存和发展需求，以提高生活满意度为目标。然而，在农业时代，由于生产效率低和人口增长缓慢，人类对生态环境的影响还不足以造成严重损害。然而，工业革命以及近年来科技的迅速发展，特别是第二次世界大战后，资源消耗的不可持续性变得日益明显。这种以消耗不可再生资源以换取经济效益的生产方式，以及对资源和环境的忽视，使得自然资源的消耗远远超出了生态系统的承载能力，加剧了资源供给短缺和人类需求无限扩张之间的矛盾，导致了难以持续发展的局面。

可持续发展概念的萌芽可以追溯到 1980 年 3 月 5 日颁布的《世界自然保护大纲》。这一里程碑性文件是在联合国环境规划署的要求下，由世界自然保护联盟组织撰写而成的。随后，1983 年，联合国第三十八届大会通过决议，设立了世界环境与发展委员会（WCED），由当时的挪威首相布伦特兰女士担任主要负责人。经过多年的持续努力，该委员会提交的研究报告《我们共同的未来》于 1987 年得到了联合国大会的全力支持，并正式颁布。该报告对这一现象进行了全面阐述，并首次对"可持续发展"给出了明确的定义："既满足当代人的需要，又不危及后代人满足其需求的发展"，为可持续发展奠定了基础。此后，"可持续发展"作为重要概念被广泛采纳，被视为反映人口、资源、环境与经济发展关系的战略选择。这一战略被认为是挽救人类生存危机的唯一希望，并立即引起了全世界的高度关注。1992 年，在巴西里约热内卢举行的世界环境与发展会议上，发布了《21 世纪议程》，进一步确认了可持续发展的实施路径。

实现可持续发展需要建立在经济可持续发展的基础之上，追求社会全方位进步，并以合理利用自然资源和维护生态环境为前提。为实现这一目标，需重点关注以下七个关键环节：加快经济增长步伐，消除贫困；提升增长品质，避免以牺牲环境和资源为代价；大力满足民众对各类基本生活物资的需求；将人口控制在可持续发展水平；加强资源保护与储备；确保技术进步与环境保护同步进行；在政策制定中充分考虑环境与发展问题。

二、农业可持续发展的背景

考虑到农业与自然界密切的相互作用以及农业在人与自然和谐共生中的关键地位，农业可持续发展被认为是人类经济社会整体可持续发展的基石。

大约在 200 万年之前，人类一直过着狩猎和采集的生活方式，直到约 1 万年前才步入农业时代。在原始农业阶段，人类主要依靠自然生态系统的自然生产力进行农业生产。因为人口稀少且技术有限，对于人类活动引起的局部环境问题，生态系统以自适应的方式进行调整。

然而，随着进入传统农业阶段，人类开始逐渐加深对自然规律的理解，农业生产力得到显著提升。与此同时，由于农产品需求逐步增加，供需失衡加剧，从而催生了现代农业。第二次世界大战结束后，出于对家园重建的迫切渴望，全球各国沿袭了传统的发展观念，执着地追求经济的高速增长。在这一时期，发展的终极目标被设定为国内生产总值或国民收入的增长，工业化成为主导力量，逐步形成了高投入、高产出、高消耗、高污染的经济发展模式。这种增长显著提高了社会生产力，经济规模空前扩张，带来了前所未有的物质成就，进一步推动了人类文明的发展。与此同时，人类的生活方式也发生了巨大变化，生活水平大幅提高。

然而，经济繁荣背后所付出的代价却是极其沉重的。由于过分强调人类与自然的分离，忽略了农业生产的生态本质，进而引发了一系列负面效应。

（1）过度开采自然资源和大量排放污染物导致了全球范围内的资源短缺、环境污染和生态破坏问题。

（2）人口迅速增长。仅在过去的一个世纪中，全球人口增长了 2 倍，达到了令人震惊的 60 亿人，且仍以每年 8 000 万人的速度持续增长。这些看似微小的问题积少成多，不仅使得人类与自然界之间的矛盾日益尖锐，还带来了一系列前所未有的生态灾难，对社会经济的发展和人类生存提出了严峻挑战。特别值得关注的是，人口激增、环境恶化、资源枯竭等问题日益严重，同时，酸雨、泥石流、臭氧层破坏、厄尔尼诺现象、物种多样性锐减、土地沙漠化、空气和水质污染、城市废物处理不当、工业和海洋污染，以及森林破坏、草原丧失、水土流失、沙尘暴频发等现象屡见不鲜，令人深感忧虑。

20 世纪 60—80 年代，经过深刻反思，人类开始寻求新的农业发展模式，重新审视农业的功能。人们意识到，农业不仅仅是为了追求经济效益，还应考虑其生态和社会价值。在这一背景下，农业可持续发展的理念应运而生。农业可持续发展是工业化进程中的必然结果，是人类对农业功能的理解逐步加深，对农业生态需求不断提升，以及农业功能日益多元化在满足人类需求方面的具体体现。

三、农业可持续发展的含义

农业可持续发展的概念最早于 1985 年由美国加利福尼亚会议通过的《可持续农业研究教育法》中被明确阐述。其主要内涵包括：①农业资源的可持续利用；②增进农业的经济效益；③提升农业的生态功效。

1991 年 4 月，联合国粮农组织在荷兰举办的农业与环境国际大会上宣布了具有里程碑意义的《登博斯宣言》，首次将农业可持续发展与乡村发展相结合，提出了广受认可且更为完备的 Sustainable Agriculture and Rural Development（简称 SARD）概念。这一理念对农业可持续发展的定义为：维护和改善自然资源基础，调整技术策略以及机制变革路线，以确保当代及未来世代的需求得以稳定满足。农业可持续发展应当具备合理的土地、水资源及其动植物遗传资源利用模式，以防止生态破坏，同时具备技术可行性和经济效益，能够得到社会的支持。依据上述理念，农业可持续发展旨在使农户及乡村的经济、生态和社会状况整体改善，为后代提供日益完善的资源与环境基础；其实现手段包括推动制度与科技创新，促进农户收入增长，推动乡村的发展；其根本目标在于实现资源与环境的科学利用与妥善保护。

因此，农业可持续发展策略主要通过改革农村制度并引入先进技术，以平衡资源利用与环境保护之间的关系，以期满足人们对食物及纤维产品的需求，推动农业及农村整体发展。这种发展方式具有丰富的内涵，包括以下三个主要层面。

（1）生产的可持续性，即维持农产品充足供应以应对日益增长的人类需求。基于自给自足的原则，持续提高农作物产量，消除饥荒，确保食品安全。在发达国家，该问题已基本解决，主要关注点已从追求增产转变为提高农产品质量和安全性。然而，在多数发展中国家，农业增产仍然被视为首要任务。

（2）经济的可持续性，强调提供更多农村就业岗位，提高农民经济收益，以及提升他们的生活品质。经济可持续性的高低取决于农村产业结构、工业化程度以及农民生活水平等多个因素。因此，农业发展策略应当促进农村产业多元化，提高农民收入水平，确保农村经济的持续增长。

（3）生态的可持续性，不仅指人类对抗自然灾害的能力，还涉及资源环境的开发、保护及改善工作。这类能力是农业和经济发展的核心，若无良好的资源环境作为依托，传统和现代农业将难以实现长期发展，进而影响后代子孙的生存和进步。因此，农业可持续发展应当注重生态系统的恢复和保护，推动农业生产方式向生态友好型转变，以确保资源的可持续利用和生态环境的稳定。

四、农业可持续发展的特征

农业可持续发展的特点具有广泛的共性，体现在以下几个方面：

（一）协调性

这一特点主要表现在农业发展与环境、资源的平衡协调上。农业可持续发展理念注重农业生态系统的均衡和谐，强调人与自然的共生共荣，将农业、资源与环境之间的共同发展视为关键。农业发展必须建立在自然资源的持续利用和生态环境的持续改良基础上，确保现今和未来农业经济及乡村社会的持续增长和繁荣。

（二）可持续性

农业可持续发展的关键在于其长期稳定性。这一特点体现在满足当前且持续满足后代需求的发展模式上。具体而言，可持续性涵盖以下两个方面：

1. 突出发展特性

农业可持续发展将发展视为其核心主题，反对回归到贫困落后的原始或传统农业模式，以免导致资源耗尽。这意味着农业发展必须适应当代社会的需求，并兼顾未来世代的利益。传统的高耗能、高排放、低效益的农业模式已不再适用于当代社会，而应向着资源节约、环境友好、效益优先的方向发展。

2. 长远眼光

农业可持续发展不仅追求短期的经济增长，更需要具备长远眼光，避免损害后代的权益以满足当代人的需求。在实践中，这意味着必须确保可再生自然资源的利用率低于或等于再生产率。换言之，农业生产过程中所需的资源消耗必须与自然资源的再生速度保持动态平衡，以实现资源的优化配置。此外，对于非可再生的农地等人造农业自然资源，其总量应维持在相对稳定的水平，并持续提高其质量和利用率，以确保未来世代的可持续发展。

（三）人口规模的适度性

农业可持续发展需要控制人口的快速增长，保持农村人口规模适中，并致力于提高人口素质，丰富人力资本积累。人口适宜规模的控制有助于减轻对农业资源和环境的压力，实现人口与资源的相对平衡。

（四）农业发展的高效性

农业可持续发展必须依靠现代前沿科技，追求产量、品质、效益等的综合提升和资源消耗的降低。通过科学合理地应用各类农业资源，实现农业集约化发展，从而提高农业经济效益、生态效益和社会效益。

（五）公平性

农业可持续发展体现了代际和代内的公平原则。代际平等意味着在满足当前需求的同时，不应损害后代的利益，应该确保资源的可持续利用，使得后代能够享有与前代相同的发展机会和生活条件。而代内平等呼吁在资源利用和经济发展方面，发达国家和发展中国家应享有同等的权利和机会，实现平等的发展，减少贫富差距，促进全球农业的均衡与可持续发展。

第二节 农业可持续发展的目标、原则与内容

一、农业可持续发展的目标

农业作为衡量国民经济稳定发展的关键指标之一，对全球各国的经济社会进步起着重要推动作用。由于农业经济与自然再生产的密切关联，农业对自然资源与环境高度依赖，因此农业可持续发展作为可持续发展框架内的核心议题备受关注。综合来看，农业可持续发展旨在追求公正、和谐、增值，确保长期、世代间的发展。具体而言，其主要目标包括以下几个方面：

（一）生态可持续发展

优化现有自然资源（尤其是生物资源和可再生资源）的利用方式，维护生产生活环境的健康，提升生产条件的优越性。

（二）经济可持续发展

统筹协调农、林、牧、渔业的发展模式，维持较高农业产出水平，保障食品供应与安全性，以满足时代变迁中的民生需求，同时兼顾未来生产效率，使农业生产力能够满足子子孙孙的需求。

（三）社会可持续发展

农业应满足人类基本生活需求，逐步改善社会环境，促进社会公正，提升农村及落后地区的民众生活品质。

不同国家的具体国情差异导致对农业可持续发展的认知有所不同，因此各国的农业可持续发展战略目标也存在差异。发达国家已经基本完成了传统农业向现代农业的转型，农业在国民经济中的比重已经降至2%以下，农业劳动力占比也相应下降。然而，农产品过剩、农业财政压力过大和农业资源环境问题成为阻碍发达国家农业可持续发展的瓶颈。在这一社会背景下，它们的农业发展重点在于优化资源环境、减少投入并提升食品质量与安全性等方面。相比之下，发展中国家仍然坚持传统农业或正在转型为现代农业，面临着农业投资不足、生产力有待提升的挑战。发展中国家的农业生产率仅为发达国家的五分之一，人均消费粮食仅为发达国家的三分之一，农业总产值也仅占其四分之一。因此，发展中国家更加注重农业可持续发展中的经济可持续目标，并强调经济、生态和社会之间的协同

平衡。针对我国而言，庞大的人口基数和有限的人均资源，都是面临的严峻挑战。在坚守自主创新、自给自足的原则基础上，利用有限的耕地和水资源，打造适应人民需求快速增长的农产品基地，是一项艰巨的任务。树立可持续农业发展观，制定农业可持续发展战略目标对我国具有重大而深远的意义。

二、农业可持续发展的原则

农业可持续发展已成为我国经济社会发展中的关键性课题。根据我国的国情，需要秉持以下几个重要的准则来指导这一进程。

（一）农业可持续发展必须以发展为前提

发展是人类活动的核心主题，旨在关注当下的发展同时为后代创造良好的资源和环境。作为发展中国家，中国一直致力于实现经济、社会、环境和资源的协同发展，力求在平衡代际关系的前提下追求高质量的发展道路。《中国 21 世纪议程》明确表述了发展的重要性，认为只有保证经济增长速度，才能满足公众生活需求并提升物质文化生活品质，从而提升国家综合实力。农业作为国民经济和社会整体进步的基石，其消费作用可以产生"乘数效应"，推动国民经济持续增长。如果缺乏稳定且成熟的现代农业支撑，那么实现国民经济的腾飞和现代化就难以想象。然而，我国农业农村发展仍面临诸多挑战，如农户经营规模有限，农村市场未充分发展，农业产业结构及就业结构亟待升级，农产品科技含量低下，地区差异显著，乡村改革和农业科技创新未有重大突破等。因此，要想实现可持续农业，首要任务就是强化发展意识，改变农业在我国经济体系中的劣势地位。

（二）必须把握资源节约的原则

我国人均资源拥有量不足，且不当使用加上质量不佳，这些因素制约着农业的发展，需要从高耗能的粗放模式转变为节约资源、环保的持续性路径。相较于其他国家，我国单位 GDP 能耗是发达国家的 3～6 倍；化肥利用率仅为 30%，远低于发达国家的平均水平；灌溉水的利用率仅约为 40%。这无疑凸显了我国人均资源的稀缺性。因此，确保水资源、耕地和能源的合理利用，降低资源浪费以及改良农业生产环境，将有助于提升农业产出和经济效益。换句话说，就是以最少的资源消耗取得最大的经济成果，从而实现农业可持续发展的终极目标。

（三）实现生产、经济、生态可持续性相结合的原则

农业生产系统建立在自然生态系统之上，是一个人工和自然双重作用下的复合生态系统。通过改善农田环境、补充优良种子、肥料、灌溉设施等外源性资源，可以显著提升系统生产力和持久度，并推动经济增长。然而，农业并非纯粹依赖自然环境，各地环境对农业的影响并不尽如人意。只有通过人为积极投入并运用科学技术，才可能带动农业系统的优化升级，促进农业经济的可持续发展。必须坚持生产、经济、生态三者之间的紧密关联和互补关系。生产的持久性直接关乎农业发展的核心，经济的持久性决定农民参与的热情，而生态的持久性关乎子孙后代的福祉和未来的发展空间。因此，三者相互依存、相互促进，共同构成农业发展的基石。

（四）必须坚持把农业科技作为推动力的原则

目前我国农业科研相对滞后，土地生产率和劳动生产率偏低。农业科技的贡献率比发达国家要低 20%～30%。为了实现我国农业的高速、高效和可持续发展，必须坚决实行以科学技术引领农业进步的策略，加强农业教育和科技推广，提高科技对农业的渗透力，强化农业科技团队建设和稳定，加大农业科技研发投资力度。在此基础上，全面发展农业教育和科技推广工作，提升全体农民素质和科技素养，最终通过农业科技的跨越式发展实现农业现代化，进一步推进农业的可持续发展。

（五）必须把握区域协调发展原则

在开放型市场经济体系下，受自然资源与经济资源比较优势的影响，高度农业商品化将激发对专业化、规模化生产的更高要求，从而推动农业地域化进程。我国东部地区已经形成了现代农业生产力格局，但西部及中部部分地区仍处于自然经济状态。鉴于此，需要进一步加速东中西部农业的协调发展，并给予国家总体区域经济战略调整有力支持。我国当前的农业生产力构成中传统与现代交融，需要根据现实情况，审慎制定发展规划，立足地域特点，确定生产力布局、发展目标与重点。

三、农业可持续发展的内容

农业可持续发展涵盖了农业全貌，包括农业自然资源的持续利用、农产品

再生产的持续推进、农村人口的持久发展以及农业生态系统的稳定运行等多个方面。考虑到我国国土辽阔且各地资源状况差异较大，因此需要因地制宜地制定农业可持续发展的政策措施。虽然我国各地存在差异，但根据资源环境、社会经济、技术水平等因素，大致可以划分为东部、中部、西部及东北四个经济带。针对上述区域特点，制定更为适宜的农业可持续发展策略将更有针对性。

（一）东部地区农业可持续发展

作为我国主要的经济活跃地区之一，东部地区的农业可持续发展必须遵循市场运行的基本规律，同时关注农村土地、户口、金融服务以及城乡一体化改革等关键政策因素。在实践中，应特别突出以下几个重点：

（1）优化投入结构，加大对种植业与养殖业的发展支持，同时注重自然资源的恢复和保护，确保资源的安全利用。应提高有机肥料的使用比例，推广环保型农业生产方式，以减少化学物质对环境的污染，有效利用丰富的水资源，并加强沿海、江河沿线以及农田的防护林建设。

（2）积极推动技术和资本集约转型，重点发展高产优质的现代农业和外向型农业，以显著提升农民收入和生活质量。

（3）加速农业产业化进程，构建多元化的农产品生产基地，包括肉类、蛋类、牛奶、鱼类、水果和蔬菜等；同时建立健全设施农业网络，规划大中城市周边的"菜篮子"工程，关注饲料和食品工业的发展，严防大规模畜禽养殖对水域环境的污染问题。

（4）加快农村工业化进程，深化乡镇工业结构调整和合理布局，落实工业污染防治措施，重视农村生态环境整治和保护。

（5）通过各种形式的农民合作组织，如专业合作社等，组织各类教育培训活动，提升农民的生产技能，拓宽农产品销售渠道，增强农业专业化生产能力。同时探索农业综合管理模式，提高农民的市场竞争力，为他们拓宽收入来源，优化组织结构。

（二）中部地区农业可持续发展

我国中部区域作为重要的农业主产地，供应着全国超过七成的大宗农产品，是国内各类农产品商品供销的主体所在。因此，中部区域对于保障我国的粮食安全至关重要，必须得到政策支持与保护。然而，近年来，随着城市化进程加速和环境土壤问题的日益严峻，中部区域农业的稳定和持续发展受到了阻碍。为此，中部区域应采取以下具体策略来推动农业可持续性发展。

（1）优化主要农作物种植结构，增加农业科技投入，提高粮食主产区的多样化种植，培育新的增长点，实现农业产业链的延伸和效益提升。同时，注重土地和水资源的科学利用，以确保资源的可持续利用。

（2）大力发展绿色食品加工制造行业，延长产业链条，增加农产品的附加值。通过有效利用淡水资源和应用现代养殖技术，推动淡水渔业的发展，为农产品的高质量加工提供有力支持。

（3）综合开展农林牧渔业，根据当地的自然条件，加强林业建设，满足经济发展需求的同时，充分发挥农业生态系统的公益效应。在半农半牧区，应根据资源条件调整农业产业结构，合理利用资源，促进产业的可持续发展。

（4）加强对中部区域乡镇企业和小型城镇建设的审慎规划，尽量减少因规划失误而导致的资源严重消耗和环境污染。通过科学规划和管理，促进中部区域乡村和小城镇的健康发展，为农村经济的可持续发展提供良好环境支持。

（三）西部地区农业可持续发展

西部农业在遵循自然与经济定律的前提下，应取得稳健而可观的收益水平，同时注重保护珍贵的生态环境。具体策略包含以下要点：

（1）西部区域应注重生态环境规划，尤其是干旱半干旱的大西北地区。这片草原和荒漠草原地带更适合草本植物的繁衍，不适应高大乔木的生长。因此，需要实施以草本植物为主的退耕修复计划，并采取措施限制过度放牧。重视水资源和热量资源相对丰富地区的草场建设。

（2）对于西部地区仅有的基本农田资源，需采取有力措施加以保护和发展。强化优质棉花及珍稀特产基地的建设，关注蔬菜水果种植基地的发展，以提高农产品的质量和产量。

（3）推动高质量畜牧业养殖技术的普及，逐步提升本地区畜牧业的规模化程度和畜产品的精深加工能力，以增加农民收入和地区经济的发展。

（4）国家与地方应加大投入力度，共同构建西北防护林体系，为长江、黄河上游的生态环境恢复和保护提供坚实保障，以保护西部地区宝贵的生态资源。

（5）根据科学原则，大力开发西部地区丰富的自然资源，特别是对再生能源进行综合性的深度开发和利用，以推动西部地区经济的可持续发展。

（四）东北部地区农业可持续发展

东北地区农业的显著优势在于其丰富的耕地资源，其大面积的平原地形约占全国的三分之一，该地区已成为我国粮食商品率最高的地区。然而，值得注意的是，其农业生态环境的退化问题仍然相当严峻。特别是在东北北部，高产粮食区，水土流失加剧和黑土地退化现象（即土壤质量下降、水资源减少和耕地总面积减少）严重，进一步加剧了农业生态环境的恶化程度；而在东北南部地区，由于工业化快速发展，农业环境污染程度更为严重。针对这一现状，提出以下几点对策：

（1）打造国家专用商品粮基地与优势特色农产品基地。强调充分发挥地域优势，根据当地条件建立适合的国家专用商品粮生产基地与特色农产品生产基地，确保粮食等农产品生产与区域资源相辅相成。

（2）加速推进农业基础设施项目建设。加快推进东北地区的农田水利建设步伐，扩大水田和旱涝保收田的面积。应加强建设三江平原大中型灌区工程、西部地区旱涝保收田工程等多种类型的水利工程，以实现农业可持续发展目标。

（3）探索土地适度规模化经营。推动土地规模化经营，加快城市化进程以刺激需求，提升农业机械化水平，并借助实施新修订的土地承包政策，推动"三权分置"改革，构建稳定的土地规模经营保障制度，以释放农业潜力，促进农业结构调整和提升农业经济效益。

第三节　农业可持续发展的模式与路径

一、农业可持续发展战略的模式

我国作为世界上的人口大国，面临着人均资源匮乏的严峻挑战。参照国际先进案例并结合本国实际情况，本研究认为农业可持续发展所应当采用的策略主要包括如下三类：

（一）生态农业模式

生态农业模式是一种将农业经济效益、社会效益及生态效益有机整合的、具备最佳结构与功能的农业生态体系。其核心思想是运用生态经济学原理来指导和组织农业生产，将人类生产活动纳入自然环境的生态循环过程之中，实现生物间的共生交换及物质循环，充分把握土地、空间、阳光和时间等因素，通过投入较低成本获得多重收益。

（二）高技术农业模式

高技术农业是以可持续发展为主导，以生态农业为基础，以生物技术、信息技术等尖端科技为依托的专业化农业形态。它借助遗传学方法，研发适应不同耕作环境的作物品种，拓展耕地面积，克服耕地短缺问题；同时，设计和培育具有优良特性且能有效抵御病虫害的农作物新品种，提升农产品产量与质量。然而，在推进此类农业模式时，务必关注生物多样性保护工作，包括保护珍稀物种及生态系统资源。

（三）集约型可持续农业模式

这种模式主要依赖于农业科技含量及科技附加值的不断提升，基于内部投资增加和技术的高度密集应用，实现农业的知识化与可持续发展。其主要目标在于提高土地产出率、劳动生产率与资金使用率，注重农产品品质的提升、市值的创造及其带来的经济效益。这种模式以现代科学技术与传统实践经验相结合，大幅提升生产效率，逐步推动农村综合发展，从而持续增加农业总产值与农民收入，妥善利用、开发与整治农业资源，改善农业基础设施，营造优良的生态环境。对于像我国这样的人口大国和资源紧缺的发展中国家而言，集约型可持续农业模式具有巨大的推广潜力，并已逐渐成为我国实施农业可持续发展策略的主要模式。

二、我国实施农业可持续发展战略的路径

深入调整经济发展方式，从粗放式转向集中高效式。现代化集约化农业作为我国农业的必然选择，致力于实现持续高效的生产能力，不断提升土壤有机质水平，改善农村生态环境，合理运用并保护农业自然资源。其核心理念是"高产、优质、高效、低耗"，旨在运用现代科技与产业力量推动农业进步，采用先进经营理念服务农业生产。在此过程中，需全面提升农业经济

的综合素质，调整生产要素的配置，发挥资源的最高产能，实现低成本、高效能价值增值。具体体现在以下几个方面。

（一）依靠科技进步促进农业可持续发展

1. 发展科学技术和知识经济

推动科学技术与知识经济的深度融合是促进农业可持续发展的关键战略之一。为此，需要深入挖掘和传承传统农业技术的精髓，如多熟制种植、有机肥料运用、豆科植物栽培、生物防治措施和中兽医学知识等。在这一基础上，应积极借鉴并结合现代高科技的创新成果，加强农业生产、推广、研发和消费各环节的紧密衔接，以提升农民素质，构建科技引领的生产循环体系。在农业科研方面，应优先采取多元化和系统性的研究方法来解决关键性难题。具体而言，需要从农业系统的元素构成、彼此之间的相互作用及其综合效果等多个维度出发，寻求问题的综合解决方案。农业作为一个生命共生体的重要组成部分，科研工作应全方位展开，不能局限于某一特定要素，需重视资源的合理配置、经营效率的提升以及系统的韧性和可持续性的维护。当前，我国农业面临的核心问题主要集中在土地资源的不合理利用，因此，科技攻坚应以此为切入点。

2. 促进各种技术的有机组合和综合配套

促使各类技术集成搭配应当充分整合有机和无机技术、生物学与物理学技术、传统与现代技术，形成物质投入和资源配置更为合理的高效生产体系，以保障农业的持续增长。具体而言，需要实现以下三个方面的技术集成：

（1）提高土地生产力的技术推广，以节约资源并保持产量稳定增长。

（2）建立农业高效益技术体系，以大幅提升农业经济收益和农民收入。

（3）实施资源环境保护与改善技术，奠定农业可持续发展的基础。

3. 瞄准世界农业科技前沿，突破战略性关键核心技术

展望未来十几年，美国已制定宏伟规划，致力于人工智能系统认知分析、精妙灵敏的动态感知、数据科学研究、尖端的基因编辑技术以及微生物组学这五个关键环节的农业科技。这些技术的革命性进步将极大推动美国农业向更高水平迈进，这为中国农业发展提供了宝贵经验和启示。为适应时代发展需求，我国科学家必须在山水林田湖草及其生命共同体的重大

科学问题、土地资源安全性及其现代化管理技术等领域实现巨大飞跃。具体而言，我国科学家需要运用精细入微的调查方式、高级别的感知手段和现代化的管理机制，研发出一套完整的农业环境安全评估体系。例如耕地质量大数据分析、耕地健康状态诊断技术、农田建设技术、土壤生物多样性维护技术、耕地养护技术、耕地系统演化过程模拟仿真技术等。同时，在某些关键地域进行治理和恢复工作，例如东北黑土地保护、黄河流域生态修复、盐碱地和沙漠化土地的综合治理等。此外，积极回应国家发展的重大关切，如全球气候变化研究、低碳农业生产模式、耕地资源智能化监控等挑战。在此基础上，理性规划未来科技发展道路，明确创新主导方向。

（二）提高农业劳动者素质，为农业可持续发展提供智力保障

1. 提高农业劳动者和农村人口素质，是农业可持续发展的保证

农业劳动者与农村人群素质的提升，是实现农业可持续发展的关键因素。科技创新和人力资源是农业进步的重要动力，提升农业劳动生产效率和资源利用效果需要高素质的劳动者参与。

2. 我国农业劳动者素质现状难以适应农业可持续发展需要

当前大多数农民仅具备初中学历或更低学历，并缺乏专业的职业技能培训。农业收益低迷导致越来越多的人选择外出打工，造成"70后"不愿做农民，"80后"不能胜任农民工作，"90后"根本不愿意从事农业的现象。缺乏复合型人才和创业型人才，成为制约农业发展的因素。为实现农业可持续发展目标，必须努力提升农业劳动者的素质，培养出一批有文化、懂技术、会经营的新型农民队伍。这不仅是保护农业资源环境的必要条件，也是国家百年大计的重要组成部分。政府和社会应共同努力，全面提升农业劳动力的综合素质。

3. 提高农业劳动者素质，先从内部着手

解决提升农业劳动者素质这一关键问题，主要途径在于以教育和培训为核心。我们应坚守"教育先行，培训常在"的信念，将农民教育培训视为提高农户整体素质的主导方式。为此，需要根据不同人群的特点和需求，加大对特定人群的培训支持力度，如有着丰富经验的农业大户、负责家庭农场运营的企业家、领导农民合作社的带头人以及从事农业企业经营管理工作的专

业人士等。此外，教育体系应将学校教育、成人职业教育和实践技能培训有机融合，实现从纯粹技术性培养向综合实力训练的战略转变。建立满足农民需求的全方位终身教育体系尤为重要，可以采用"分阶段、重实践、注重参与性"的教学理念，以增强农业劳动者在应用现代科技和经营管理策略方面的应变能力和应对能力。

4. 提升农业劳动力素质，也要从外部着眼

应鼓励高素质人才回归农业，实现传统农民向职业农民的转变，促进农业劳动力的有效升级。吸引知识型人才回归农村，将有助于壮大农民队伍，改变公众对农民的看法。越来越多具备文化技能的大学毕业生和年轻人开始投身农业，这扩展了高素质农民的队伍，为农业劳动力素质提升提供了动力。他们可以在农业社会化服务机构中从事农业机械和病虫害防治等行业，也可以通过高科技手段进行远程农业生产管理，还可以与市场联系进行创业并取得成功。因此，高素质农民的出现不仅标志着农民身份向职业的转变，也推动了农业劳动力素质的提升。

5. 提高农业劳动者素质，让新农民成为令人羡慕的职业

大学毕业生应当善于利用并深入研究相关的政策法规，引领更多具备卓识远见以及强烈事业心的人才投入到农业及乡村领域的创新发展中去。倡导一种以农业为根本、以自主创业寻求财富增长为核心的生活理念，树立起"爱护农田、热爱农民"的价值导向。通过举办高素质农民殊荣评选，重奖那些在本行业中成就非凡的新型农户，以此提升他们在社会上的地位与名誉度，广泛推崇可供复制和学习的高素质农民培育策略。全力激发人们的内在潜力，全面提高农业劳动力的综合素质，这是一个拥有巨大影响力且富有深远意义的战略定位。作为推动现代农业持续繁荣发展的主要动力源泉以及直接受益者群体，新时期的农民必将进一步焕发出新的生机与活力。

（三）合理利用自然资源，保护生态环境，提高资源利用效率

农业的可持续性发展强调了对农业自然资源和环境的有力保护。这需要将农业发展、农业资源的合理挖掘和环境保护紧密融合，将开辟与限制相结合，最大程度地减少农业生产活动所带来的资源环境损害及污染问题，促使农业发展进入农业资源良性循环状态。

1. 加强对耕地资源的保护

各行各业的建设者都应当践行少占用甚至不占用优良耕地原则；落实占一补一、占补平衡政策；积极运用各类闲置土地资源，尽量减少用地空间的浪费；要有步骤地开拓边远地区的宜耕荒地。

2. 加强对林业资源的保护

林业资源的重要性体现在其具备的多方面功能上，如涵养水源、保水固土、维系地表形态稳定、调节内陆及海洋气候、净化空气质量、防止风沙侵蚀、抵抗旱灾与洪涝灾害等。更为重要的是，林木对于维护全球生态平衡也起到了不可忽视的作用。需要顺应法律规定，着力阻止人为破坏、任意砍伐、野蛮开垦所导致的水土流失和土地荒漠化态势。应致力于栽种树木、恢复植被，实施生态回归工程，大幅度提升我国的森林覆盖率，引领我国步入绿色文明的新时代，迈向可持续发展的新征程。

3. 加强对淡水资源的保护

（1）为了有效遏制农业领域自身的污染源，应当严格监管农药的使用，特别是那些具有较高残留度的农药，以确保不超量、不过度施用。同时，应采取措施控制各类含氮肥料的使用，以防止水体富营养化问题。

（2）高度重视农业淡水资源的高效应用，研发、推广节水设备，引进和吸收发达国家关于水资源节约利用和循环利用的尖端技术与农业设施。

4. 加强对特有种质资源的保护

做好特有种质资源的收集、甄别和应用工作。其中包括搜集并长期保存我国特有的种质资源，特别是那些具备超高产、优质、抗病虫害与抗逆境特性的种质资源及其相关科技的研究。此外还要开展对收集种质重要性状的鉴定研究并借助 DNA 标记技术在基因组层面分析其遗传多样性，制定种质资源保护和遗传多样性的综合评估标准，在现代品种选育过程中充分发挥我国特有遗传资源潜力。

5. 大力改善农村生态环境

农业发展必须注重生态环境的全面改善，以实现更高的环境质量。其核心目标是在治理环境污染的同时，有效预防新的污染源的产生。为此，应加大对工业企业的环保监管力度，防止工业化进程中产生的废水、废渣和废气等污染物对农业环境造成直接破坏。同时，通过强化水资源的保护和提高污水处理能力，拓展植被资源和生物多样性的广度和深度，推动生物种质资源保护事业的稳步进展，挖掘和运用各种区域生态环境质量升级的有效方法，以降低自然灾害对社会经济发展的负面影响。健康的农业生态系统由植物区系、动物区系、陆地生物区系和水生生物区系共同构建而成，借助现代科技的科学引导和强力推进，实现资源的综合利用、生物与环境之间关系的和谐共生，促进资源回收利用，最终达到农村资源环境与农业生产的全程互惠式良性互动。

（四）加强农业可持续发展的法制建设和资源环境管理

考虑到我国对农业资源系统的认识和实践需求，应深入整理当前的农业资源相关法律法规及其体系结构，提出修订和补充的具体建议，制定相配套的法律细则，以使法令条例更加清晰、易于操作，为农业的永续发展提供坚实的法治支撑。

1. 全面建立与完善农业资源产权制度

通过法律手段明确划分各类农业资源的所有权，全力支持并监督资源所有者对其的维护工作，并以法律形式固化各参与方在农业资源管理方面的合作模式。

2. 制定农业资源综合管理法律

针对各种农业自然资源，如土地、水资源、大气、野生动植物及其地理气候条件等，均需加大管控力度。然而现有农业资源各项基本法规，多以单独资源专项管理为主，关于多种资源融合管理及整体视角的规定尚显不足，故须提升农业自然资源全局观，注重法规前瞻性，强调综合管理观念，设立农业资源综合管理法规体系，严格执行法律规范，以实现对农业资源综合管理之大义。

我国人均资源匮乏且近年农业资源问题趋于严重，我国农业可持续发展受到了很大制约。但是只要科学选择应对策略，确定恰当的发展道路，仍能确保我国农业走向可持续之路。

第四节　中国特色的生态农业发展

一、生态农业的提出与中国特色生态农业的内涵

（一）生态农业的提出

生态农业一词最早由美国土壤学家 W. A. Alborecht 在 20 世纪 60 年代

提出的，并在 1984 年被 Jacsont 和 Benolen 定义为一种侧重于尽量减少人为干预的农业生产方式。其核心目标在于保护土壤养分和生物多样性，预防土壤流失，减少化肥和农药的使用，以减轻环境压力，从而实现可持续发展。因此，西方生态农业与有机农业相似，均致力于模仿自然生态状态进行农业生产，更加注重减少化学品的使用，以维护农业生态系统的平衡，确保资源环境的稳定。

西方生态农业的发展源于对现代农业成本投入巨大、能源消耗高等问题的认识，因此其着眼点在于资源和环境的保护。西方生态农业运用生态学原理，注重维护和修复农业生态系统的基础条件，追求生态效益，重视环境保护和食品质量提升，以保障资源环境的可持续性为核心目标，并不是将满足社会对农产品的需求作为唯一的经济诉求。在技术手段方面，西方国家主张尽量减少或者完全不使用化肥、农药、植物激素以及动物饲料添加物，强调土壤养分对生物质量的调节作用，提倡利用农作物秸秆还田、施用有机肥料以及使用绿色肥料等方式来保持土地生产能力，主张采用生物防治方法来抵御病虫害。

尽管西方生态农业具备降低能源消耗、改善生态环境、保护自然资源、提升食品品质等优势特性，但在实际应用过程中也面临着诸如产量下降、病虫害增加、经济效益下滑、收入减少等问题。

（二）中国特色生态农业的内涵

中国特色生态农业的概念是在我国悠久的农业历史背景下逐步发展而来的，其模式与发达国家并不类似。中国生态农业呈现出多样化的表现形式，其范围和核心理念远非其他国家可比拟。南方的水旱结合、农渔互补的"桑基鱼塘"模式，北方的农林牧渔一体化的多元复合型农业，以及立体种植形式和充分利用多种能源资源的先进生态农业模式，均体现了地域特色和农业资源优势。

在叶谦吉的著作《生态农业——农业的未来》中，对中国生态农业进行了专门定义："生态农业就是从系统的思想出发，按照生态学原理、经济学原理和生态经济学原理，运用现代科学技术成果和现代管理手段以及传统农业的有效经验建立起来，以期获得较高的经济效益、生态效益和社会效益的现代化的农业发展模式。简单地说，就是遵循生态经济学规律进行经营和管理的集约化农业体系。"

二、东西方生态农业的比较与中国生态农业的特征

（一）东西方生态农业的比较

1. 概念内涵及涉及领域差异

西方生态农业的发展始于对自工业革命以来过度依赖化学农业所带来环境污染、资源紧缺和经济效益下降等问题的反思。这种农业模式的诞生源于对传统农业模式的改革，核心理念是以小型农场为单位，强调生态、伦理和审美价值观念，抵制化学农业污染的产品。相对而言，中国生态农业融合了传统与现代，注重生物与自然的协调统一，对化学肥料及杀虫剂的作用持保留态度，更强调实践中的实效性、科学性和针对性。中国生态农业在农田生态设施技术和信息传播方面的投入独树一帜，为丰富西方生态农业的概念提供了有力支持，旨在通过全面调整农业生产方式，实现经济效益与资源保护的双赢目标。

2. 模式类型与追求目标的差异

在西方国家，生态农业模式通常由农作物种植和小规模畜牧业组成，目的是提供环保食品。而中国的生态农业倡导各类产业协同发展，涉及农、林、牧、副、渔、加工、微生物培养和沼气生产等多个产业环节，以实现物质的循环利用和能量的高效转化，从而保障农业的生态和经济效益。此外，中国生态农业的目标不仅局限于提升农产品质量和保护环境，还涉及增加农民收入，旨在将实质资源优势转化为经济和贸易发展的依托。

3. 生态农业的理论基础和技术体系不同

西方生态农业缺乏扎实的理论基础，而中国的生态农业正在蓬勃发展，并拥有一套全面完善的生产运作原则和技术体系。中国生态农业融合了多个关键原则，形成了系统性的理论架构，例如整体效益原则、生态位饱和原则等。在技术方面，中国生态农业致力于攻克实用型技术，如科学掌握农业生产流程、合理调控农业环境系统设定等，以推动生态农业的发展。虽然中国注重传统农业技艺的传承，但同时也吸收新兴科技，以避免牺牲生态环境，追求多重目标的实现，包括生产力提升、产品质量保障和高效率的产出。

（二）中国生态农业的特征

我国的生态农业模式在与西方典型的对比中展现出独有的特征，这些特征在多个层面得到具体体现。

1. 资源可持续利用

我国的生态农业以可再生资源为基础，充分考虑地域农业环境资源，通过有效、合理地开发资源，推动生产的同时，也注重保护和提升资源的价值，确保资源的可持续利用。

2. 产业协同发展

中国特色的生态农业注重多产业协同发展，涉及农林业、畜牧业、渔业、工业等多个行业，通过相互协作，共同推进，旨在充分发挥系统的多元功能和高效运作。

3. 共生原理应用

我国在生态农业实践中采用了共生的原则，通过巧妙地整合动植物群落及微生物体系进行立体式种植经营以及混合养殖模式。这种策略精心设计并构建了合理、高效的立体农业系统，以充分利用有限空间、水资源、土地资源、光照资源以及热量资源，从而有力地提升了生物能量的转换效能。

4. 资源化利用与综合防控

在农产品的生长过程中，我国的生态农业强调对有机废弃物资源的充分利用，并采用多学科、跨领域的综合性防控手段。其中，生物防治技术作为核心手段，严格防范杂草及病虫害的危害。此外，我国农业始终坚持以农家肥和绿肥等有机肥料为主导的生产理念，在适当地使用化学肥料的同时，不仅保障了农作物产量的稳定增长，同时也注重了经济效益的提升。

5. 现代科技与传统技艺相融合

我国生态农业积极吸取现代科技，特别是生命科学技术成果，并将其与传统农业实用技艺充分融合，以提升农业生产的效率和质量。

6. 内外结合的调节机制

我国的生态农业主要依靠内部机制的自我调整，辅以外部干预，强调自我调节的效能，实施人为控制与自然调节相融合的策略，以维持系统的稳定性。

7. 多元利益兼顾的政策配套

在制定政策时，中国特色的生态农业全面考虑社会、经济和生态等多元利益，以确保农业的可持续发展。

总之，中国生态农业的基本特性体现了自然演进的法则，平衡解决了经济发展与环境保护之间的冲突，成为我国农业可持续发展的重要途径之一。

第五节　持续农业发展趋势

随着 21 世纪的到来，全球现代农业发展呈现出两个显著趋势：

1. 对耗竭资源的石油农业模式的替代，倡导创造一种新型可持续农业模式。

2. 将高新科技引入农业领域，引发农业技术革命，为新型农业模式的转型提供必要工具。在这一背景下，现代农业新理念——现代持续农业应运而生。该理论倡导人口、社会、经济、资源、环境共同走上协同发展之路，不断提升农业生产力，同时致力于保护资源与环境，从而实现农业的永续发展。现代持续农业不仅传承并发扬了有机农业循环使用物质的精髓，吸纳了现代化高科技，运用产业组织和企业管理策略，全盘考虑科技、经济、环保三方面需求，建立起有利于经济生态良性循环的农业经营规范。这进一步体现了资源使用效率、劳动生产率、土地产出率及经济效率的改善。持续农业的未来发展趋势主要包括以下几点。

一、追求农业与环境的协调发展

持续农业注重技术、经济、社会、环境的全面协调，致力于打造人与自然和谐相处的图景，建设人与动植物共生的生态家园。以保障可持续性发展为核心目的，持续农业不仅服务于当前社会，也着眼于未来子孙后代，使人类在地球上得以绵延不息。人类深刻反思过去对自然的掠夺、对自然生态环境的破坏以及单纯追求经济利益的错误行为，深刻意识到，人类对周边自然环境的影响日益加大，人类过度索取自然资源的方式已逼近极限，可能会破坏自然的平衡状态。因此，必须珍视环境，保护自然资源，维护生态平衡。保护植物生存环境至关重要，丰富的作物生存条件及其持续发展是满足人类生存的基础，这需要依赖健康完整的农业生态系统来维持。

二、节约资源提高资源利用率

为确保农业可持续性发展，迫切需要从当前被动过度依赖自然资源开采的石油农业模式转变为以科技创新为主导、知识人才密集型的科技导向型农业改革。现代化农业已深度融合生物学、农艺学、土壤学、生态学、环境科学、机械工程及化学工艺等多学科，旨在更精准地利用各种资源。同时，理解经济学的动态变化对推动农业进步至关重要，这些技术应用和经济层面的发展所带来的影响，是推动农业不断进步的重要因素。当前，农业科技正逐渐细分为各个独特的学科领域，各司其职，在此基础上追求更深层次的综合性研究及跨学科合作，以深化资源利用，推行可持续发展，最大程度地降低对那些无法再生资源的消耗，提升资源利用效率。

三、建立经济与生态良性循环体系

可持续农业的理念旨在保证农业生态系统在自我调节范围内，不出现过度负荷的情况。除了关注经济增长外，更需要重视生态系统的自我调整和自我恢复功能，保持和维护良好的循环体系。在实际操作中，应将环保意识贯穿于各类经济活动之中，避免经济活动对生态系统的过度冲击。特别是要妥善处理农业生态利益与经济效益之间的关系，实现经济再生产与自然再生产的有效结合。良好的经济和生态循环系统密切相连，保护生态环境是经济增长的核心驱动力之一。有效的经济增长应同时保护生态环境，让可再生资源得以可持续性利用，以维持较高水平的生产效能，优化生态环境状况。

四、强化农业系统内的自养、自控功能

农业生产与工业的显著区别在于，前者需要依赖于生物体与环境之间的自然物质与能量交换，以及自身生长发育机制来实现有机物质循环。因此，农业具有其独特的有机属性，能够维持生物的自然再生产过程，促进生物与

环境之间的物质与能量转化。在此背景下，应针对石油农业削弱这些功能的现象提出反驳，着重发挥农业系统自我维持和自我调控的功能，这对于提升资源利用率、保护生态平衡至关重要。

五、发展农业循环经济

循环经济，又称为物质闭环流动性经济，强调了将生产产品用后归还给自然资源的设计思路。自 20 世纪 90 年代起，人们逐渐意识到现有经济模式由于过度开采、低效利用和高排放导致的生态环境问题。期待在未来建立一种以物质闭环流动为主导的经济体系，创立"自然资源—产品和用品—再生资源"的回馈性产业链条，即循环经济。该理念需要从传统的末端治理转向全程管控，践行减量化、再利用、资源化三大原则（3R 原则）。其中，减量化注重削减生产与消费流程中的物质数量；再利用旨在延长物品在消费和生产中的使用寿命，而资源化或再生利用则致力于将废品转化成资源，从而减少终极处理垃圾的数量。

农业循环经济是在坚持科学发展观的指导下，根据生态系统内部各种不同物种相互依存的共生关系以及物质循环和多种能源多层次一体化利用规律，运用现代科技工程制造方法，强化农业生产各环节之间的内在联系与沟通，优化物质资源的科学配置并确保其可持续循环使用，以减少资源的无谓投入。这一过程旨在提高资源的实际利用率，有效地抑制环境污染，最终达到推动农业经济发展、促进社会进步和生态环境平衡的和谐目标。

六、广泛应用现代高新技术

持续农业的未来发展离不开现代高新技术的支持，其中融合了遗传改良、生物发酵等微观科技，以及诸如污水治理和生物活性肥料等农业生态工程技术。为了实现高效率、无污染与可持续的生产目标，必须开发并推广全新的种植、灌溉、肥料施用、农药喷洒方式；同时选择高产出、低能耗、抗病虫害、耐病虫害的优良农作物品种。持续农业还需要利用高效、低毒、不易留下残余物的化学防治技术等先进技术手段，不仅能够提高农产品产量和质量，还有助于减少对环境的负面影响，实现农业可持续发展。

参 考 文 献

[1] 王琼，李学兰．农业现代化管理对农村经济可持续发展的作用与实现 [J]．陇东学院学报，2021，32（5）：88 - 91.

[2] 董跃民．农业现代化背景下我国农业可持续发展的现实困境与法律应对 [J]．农业经济，2021（6）：20 - 22.

[3] 杨建辉．农业现代化对农业可持续发展的影响及空间演化研究 [J]．中国农机化学报，2020，41（8）：229 - 236.

[4] 杨国利，马雅丽．作物栽培学运用于农业现代化可持续发展中的探析 [J]．农业与技术，2018，38（9）：174 - 175.

[5] 周晨．科技创新驱动视角下中国农业现代化的可持续发展 [J]．天水行政学院学报，2018，19（1）：114 - 117.

[6] 晨曦．深耕农业现代化　引领可持续发展——爱科携麦赛福格森"全球系列"拖拉机和"全收系列"联合收割机新品亮相 2016 中国国际农业机械展览会 [J]．农业工程，2016，6（6）：4 - 6.

[7] 薛艳．作物栽培学在农业现代化可持续发展中的应用 [J]．南方农业，2015，9（33）：159 - 160.

[8] 霍文琦．推进农业现代化 实现可持续发展 [N]．中国社会科学报，2014 - 12 - 26（A01）.

[9] 毛智勇．资源环境约束下的农业现代化与可持续发展 [J]．鄱阳湖学刊，2014（6）：5 - 10.

[10] 张甜，张艳荣．西北五省农业社会化服务与农业现代化耦合协调及影响因素分析 [J]．科技与经济，2023，36（6）：56 - 60.

[11] 李治．可持续发展视域下的湖北省农业机械化影响因素解析及其质量评价体系构建 [D]．武汉：华中农业大学，2022.

[12] 陈月．重庆市农业现代化的可持续性问题研究 [D]．成都：四川大学，2022.

[13] 王琼，李学兰．农业现代化管理对农村经济可持续发展的作用与实现 [J]．陇东学院学报，2021，32（5）：88 - 91.

[14] 杨建辉．农业现代化对农业可持续发展的影响及空间演化研究 [J]．中国农机化学报，

2020，41（8）：229-236.

［15］杨艳．中国农业现代化发展水平的测度及路径研究［D］．沈阳：辽宁大学，2019.

［16］薛艳．作物栽培学在农业现代化可持续发展中的应用［J］．南方农业，2015，9（33）：159-160.

［17］国务院发展研究中心农村经济研究部课题组．中国特色农业现代化道路研究［M］．北京：中国发展出版社，2012.

［18］王曙光．中国农垦：农业现代化与农业安全的中国道路［M］．北京：商务印书馆，2021.

［19］杨戈．走向现代农业：农业现代化与创新［M］．北京：中国经济出版社，2003.

［20］贺贵柏．农业现代化的探索与实践［M］．北京：中国农业科学技术出版社，2021.

［21］奚建武．农业现代化与城镇化协调发展［M］．上海：上海人民出版社，2014.

［22］金伟栋．理念引领、制度变迁与现代农业发展　农业现代化的苏州路径［M］．苏州：苏州大学出版社，2018.

［23］雷俊忠，饶开宇，谭静．中国农业现代化建设的理论与实践［M］．成都：电子科技大学出版社，2011.

［24］王光娟，刘彦昌，张红作．农业现代化和农业经济可持续发展研究［M］．北京：中国商务出版社，2024.

［25］王莉．中外可持续农业发展模式与路径选择研究［M］．北京：中国环境出版集团，2021.

［26］河北省农业与农业可持续发展研究［M］．长春：吉林科学技术出版社，2020.

［27］左喆瑜．水资源与中国农业可持续发展研究［M］．兰州：兰州大学出版社，2019.

［28］徐冬平．北方农牧交错区农业可持续发展路径、模式及布局研究［M］．西安：陕西人民出版社，2019.

［29］贾凤伶．以能源农业助推我国农业农村绿色可持续发展研究［M］．北京：中国农业出版社，2019.

［30］施孝忠．农业经济管理与可持续发展研究［M］．北京：科学技术文献出版社，2019.

［31］王秀东．可持续发展框架下我国农业科技革命研究［M］．北京：经济科学出版社，2018.

［32］李宁．新常态下生态农业与农业经济可持续发展研究［M］．延吉：延边大学出版社，2018.

图书在版编目（CIP）数据

农业现代化与农业可持续发展研究／王洪成，王彤
著. -- 北京 ：中国农业出版社，2024. 11. -- ISBN
978-7-109-32758-0

Ⅰ. F303

中国国家版本馆 CIP 数据核字第 2024D86J82 号

农业现代化与农业可持续发展研究

NONGYE XIANDAIHUA YU NONGYE KECHIXU FAZHAN YANJIU

中国农业出版社出版

地址：北京市朝阳区麦子店街 18 号楼

邮编：100125

责任编辑：赵　刚

版式设计：王　晨　　责任校对：吴丽婷

印刷：北京中兴印刷有限公司

版次：2024 年 11 月第 1 版

印次：2024 年 11 月北京第 1 次印刷

发行：新华书店北京发行所

开本：720mm×960mm　1/16

印张：12.75

字数：205 千字

定价：88.00 元